KB103673

나같은 너에게

나같은 너에게

상월 霜月

허영지

고혜경

송수윤

남유성

서정식

들어가며

　산다는 것은 태어나는 그 순간부터 죽어가는 일이라고 한다. 흘러가는 시간만큼 우리는 분명 죽어가는 것일 텐데, 의미 있는 삶을 살기 위해 애쓰는 이유는 무엇일까. 우리의 이야기는 여기에서 시작된다. 결핍을 품고 살아가는 빛나는 삶들을 이야기하기 위해서. 누군가는 사랑을, 누군가는 죽음을, 또 누군가는 그저 삶을 말한다. 어떤 이야기는 이렇게 쓰인다. 내가 가진 것들과 가지지 못한 것들에 대해 묵묵히 보여줌으로써, 단지 그것만으로도 또다른 누군가를 살아가게 할 이야기를 적는다. 화려하지는 않지만 분명 사랑스러운 이야기이다. 우리는 글이 가진 힘을 믿는다. 감히 이름 지을 수 없는 무엇에 의미를 부여할 수 있게 해주는 그 힘을 믿는다. 정성스레 적어낸 우리의 삶의 일부가 당신을 웃고 울게 했으면 좋겠다. 책을 덮은 후에 당신이 부디 한 줌의 용기라도 더 얻어갈 수 있기를, 나 같은 너에게. 비슷한 결을 가진 우리가, 당신에게.

- 공동저자 中 상월 霜月

차 례

사라지던 이야기 ; 다시 쓰는 이야기

상월 霜月

상월 霜月 시와 음악을 좋아한다. 소란스럽지 않은 시간대인 새벽과 동 틀 무렵을 가장 좋아한다. 사람들에게 사랑받지 못하는 것들과 그럼에도 아름다운 것들에 대해 이야기하곤 한다. 편지 같은 하루를 살기 위해 노력 중이다.

인스타그램: @always_600109

눈 밑에 달린 것들의 무게에 대해 자주 생각한다. 이를테면 어떤 시선 끝에 달린 꿉꿉한 마음 같은 것. 이름 지을 수 없는 반짝임이나 순간의 희망, 때늦은 후회 같은 것들 말이다. 진득하게 달라붙은 것들은 어딘가 기괴한 구석이 많았다. 삶은 자주 발을 걸었고, 우리는 오물을 뒤집어쓴 채 내달렸다. 어딘가로. 우리가 도착하게 된 곳이 어디였는지는 잘 기억 나지 않는다. 우리가 달라진 탓인지, 아니면 그저 모든 것이 변했을 뿐인지.

-다음은 새로운 소식입니다. 오늘 아침 서울의 고층 건물에서 20대 여대생이 추락하여 사망한 사실이 알려졌습니다. 22살 신 씨는 국가 공무원을 준비하던 대학생으로, 자신이 살던 아파트의 옥상에서 뛰어내려 자살한 것으로 경찰은 밝혔습니다. 사망 시각은 어젯밤 12시에서 새벽 3시 사이로 추정됩니다. 10대 남학생이 자살한 사건이 있은 지 얼마 되지 않은 시점에 연달아 자살 사건이 벌어지자 인권 단체들과 시민운동가들은 이번 사건을 계기 삼아 젊은 층의 삶에 대해 주목할 필요가 있다고 주장하고 있습니다.

-여러 인권 단체들은 대한민국이 전 세계적으로 자살률 1위라는 타이틀을 벗어나지 못하는 점에 대해 목소리를 높이며, 이번 20대 여대생의 투신자살 사건을 그 대표적인 예시로 들고 있습니다.

-어젯밤 사망한 여대생 신 씨는 과거 수많은 자살 사건으로 이슈가 되었던 A고등학교를 졸업한 것으로 알려졌습니다. 이번 사건으로 10대부터 20대까지 자살 사건들이 논란이 되고 있으며, 심리상담사들과 정신의학자들은 입을 모아 자살에 대해 경각심을 곤두세워야 한다고 말하고 있습니다.

"얘들아, 그거 들었어?"

하굣길, 교복을 입은 여학생이 자신의 친구들에게 묻는다. 주변을 둘러보며 비밀스레 꺼낸 이야기는 다름 아닌 어젯밤에 벌어진 자살 사건이다. 어제 사람이 또 죽었다잖아- 하며 그녀 스스로 흠칫 몸을 떤다. 대한민국은 자타공인 자살률 1위, 출산율 꼴찌 타이틀을 가지고 있다. 젊은 20대들이 자살하는 사건이 하루가 멀다 하고 발생하니 당연한 모양새다. 그녀는 얼마 전 자신의 학교에서 남학생 한 명이 옥상에서 뛰어내렸던 사건을 떠올렸다. 평소 교우관계가 좋고 선생님들에게도 예쁨 받는 아이였던 것으로 기억한다. 그런 극단적인 선택을 할 거라고는 상상도 할 수 없을 만큼. 그 남자아이가 어떤 이유로 그런 선택을 했는지는 아무도 모른다. 전해 듣기로는 그 남학생의 부모님도 이유를 모른다고 했으니 감히 추측을 할 수밖에는. 그 사건 전에도 자살했다거나 뛰어내리려다 붙잡혔다거나 하는 일들이 이슈가 된 적이 많았다. 뉴스에서도 학생들이 학교 옥상에서 뛰어내려 죽거나 미수에 그친 사건들이 많이 보도된다. 이러한 자살은 비단 10대에게만 해당하는 것이 아니다. 남부러운 것 없는 삶을 살고 있으면서도 자신에게 결핍을 느끼는 이들과 불행하기만 한 삶을 저주하는 이들이 너무나 많다. 어느새 자살과 죽음들이 난무하는 세상이 되어버린 것이다. 누군가는 '또? 많이도 죽네' 하며 가볍게 넘어가고 누군가는 가까운 이의 죽음으로 세상이 무너지기도 한다. 어쩌면 우리는 비극적인 죽음에 너무나 쉽게 물들고 익숙해져 버렸는지도 모르겠다.

상념에 젖어 걷다 친구들이 그녀의 이름을 큰 소리로 부르는 것에 깜짝 놀란다. 무슨 생각을 그렇게 하냐는 친구들을 향해 멋쩍게 웃어준다. 무슨 이야기를 했냐고 물으니 친구들은 아니 글쎄, 하며 금세 얼굴을 굳힌다. 갑작스럽게 작아진 목소리에 맞춰 귀를 가까이 대고 들은 이야기는 이번에 죽은 그 대학생이 우리 학교를 졸업했다는 것이었다. 그녀의 친구들은 그들의 학교가 일명 자살학교라고 불리고 있다며 툴툴댄다. 그녀는 가슴 한구석이 섬뜩해져 오는 것을 느끼며 저도 모르게 벌린 입을 다물었다. 자신의 학교에서 벌어진 자살 사건이 보도될 때마다 학교폭력이니 학대니 하는 논란들이 있었지만, 그것으로 학교의 명예가 떨어진다거나 하는 일에는 전혀 관심이 없었다. 물론 이번에도 그런 여론은 자신과는 아무 상관이 없다고 생각했다. 다만 자신이 중요하게 생각하는 것은 더 이상 자살이나 죽음에 대한 것들이 그들과 전혀 무관한 일이 아니라는 것이었다. 죽음은 어디에나 있으며, 또한 자살과 같은 비극과 불행들도 도처에 널려 있다. 우리는 더 이상 이러한 불행들은 단순 우울증, 사회에서 도태된 자들, 사회 부적응자 등과 같은 단어들로 단정지어서는 안 된다. 단지 그들의 삶에 주목해야 한다. 그들이 그런 선택을 하기까지 얼마나 괴로웠을지에 대한.

"어머님, 한 말씀만 해주십시오!"

"자살할 거라는 징조가 있었나요?"

"평소 신아름 양이 우울증을 앓고 있었나요?"

번듯하게 지어진 신축 아파트 앞 검은 상복을 입은 부부와 남자아이 하나가 서 있다. 그들에게 기자들이 저마다 목소리를 키우며 마이크와 카메라를 들이대고 있다. 익숙한 얼굴이다. 간혹 놀러 갔던 아름이네 집에서 봤던 아름이네 가족들. 어머니는 따뜻했고 아버지는 다소 무뚝뚝하지만 정이 많으셨다. 아름이의 남동생도 수줍음이 많긴 했지만 곧잘 제 이야기를 떠들곤 했다. 그랬었다. 우두커니 선 채 흔들리는 눈동자를 보고 있자니 가슴 한쪽이 따끔거렸다. 기자들을 뚫고 그들을 데려올 생각이었는데, 왜 구해주지 못했느냐 원망을 들을까 두려워 도저히 발걸음이 떨어지질 않았다. 결국 돌아서려는데 굳게 입을 다물고 있던 다름이가 조용히 말을 꺼냈다.

"누나는 우울증 같은 걸 앓지 않았어요. 누나는 그냥, 행복해지고 싶었는데 그게 잘 안됐을 뿐이라고요."

그 말을 하는 다름이의 얼굴이 얼마나 비참하던지, 그만 주저앉아 버릴 뻔했다. 맞다. 내 기억 속 아름이는 행복해지기 위해 끊임없이 노력했다. 삶의 의미를 찾기 위해 무던히도 애썼다. 나는 그 방법이 삶인 줄 알았는데, 사실 죽음으로부터 출발해야 했는지도 모른다. 죽음으로부터 삶으로 나아가는 것이 아니라 삶으로부터 도망쳐 죽음으로 나아가는 것이었을지도 모른다는 생각. 죽음 앞에 다다라 결국 행복했을지, 아니면 여전히 불행했을지 나는 감히 알 수 없다. 알 수 없을 것이다. 자기 말이 무슨 큰 기삿거리라도 되는 양 열심히 받아적는 기자들을 한참이나 원망스럽게 쳐다보던 다름이가 제 엄마의 손을 잡아끈다. 어머니의 시선이 나에게 잠시 머물렀던 것도 같은데, 자꾸 시야가 흐려져 나를 알아보았는지 어쨌는지 신경 쓸 겨를도 없이 황급히 근처 나무 뒤로 숨어버렸다. 겨우 발걸음을 옮기던 어머니는 장례 차량에 타기 직전 결국 쓰러졌고, 입술을 깨물어가며 눈물을 참던 다름이가 비명을 지르며 힘없이 무너지는 어머니의 몸을 받아 안았다. 떨리는 손으로 119에 전화를 걸었다. 여보세요, 119죠. 여기 사람이 쓰러졌어요. 여기까지 말하고는 더 이상 말을 잇지 못하고 왈칵 울음을 쏟아내야 했다. 망가진 사람들이 너무 많았다. 망가지고 있는 사람들은 더 많겠지. 때늦은 후회가 넘쳐흐른다. 나는 매번 이렇게나 늦기만 하는 사람이라. 나의 멍청함이 이번에는 너를 죽였다. 목울대를 타고 눈물이 번지는 바람에 주소를 어떻게 불러줬는지도 기억이 나질 않는다.

119가 도착해 응급처치 후 병원으로 옮겨지는 것을 다 확인한 후에 비척비척 걸어 집으로 돌아온다. 왜 이제 들어오느냐는 엄마의 질문도 묵살한 채 침대에 몸을 파묻고 방문을 걸어잠갔다. 창백한 얼굴로 아슬아슬하게 서 있던 다름이와 삶과 죽음의 경계에 애매하게 서 있던 아름이의 모습이 겹친다. 위태롭게 흔들리는 것 같다. 이렇게 침대 속에 몸을 파묻고 세상이 어떻게 돌아가든 무슨 상관이랴 하는 심정으로 잠에 들면 어김없이 아름이에게서 전화가 오곤 했다. 구렁텅이로 빠지려 할 때마다 늘 백마 탄 왕자님이라도 된 것처럼 나타나서는 2,000원어치 붕어빵 같은 행복을 안겨주었다. 그러니 나의 구원은 아름이었다고 감히 말할 수 있다. 내가 사는 것이 다만 너를 위한 것이었다고, 지난번 편지에 쓰지 못한 말이 입 안에서 모래알처럼 굴러다닌다.

지잉, 하고 휴대폰이 울린다. 잠금화면에 뜬 메신저창의 발신인은 'H'다. H는 고등학생 시절 아름이를 통해 알게 된 친구다. 아주 친하진 않았지만 종종 연락해 안부를 물을 수 있을 정도의 사이이다. 아름이가 죽은 후 내게 연락해오는 동창들이 꽤 많았기 때문에 H도 마찬가지일 거라 확신했다. 화면을 끄고 이불을 푹 눌러쓰자마자 요란한 진동이 울려댔다. 신경질을 내며 휴대폰 화면을 확인하자 역시나 H였다. 내키지 않는 마음을 다독이며 전화를 받자, 입을 떼기도 전에 따발총처럼 쏘아대는 목소리가 들린다. 장례 일자와 장소까지 다 알려줬는데도 왜 오지를 않느냐 따져 물으면서도 화를 돋우지 않으려 애쓰는 다정함이 느껴진다. 내가 죽인 거나 마찬가지야, 하고 담담하게 뱉어낸다. 잠시간 지속된 침묵 속에 있지도 않았던 목소리가 들린다. 수화기 너머로 들리는 작게 틱틱대는 소리, 이쪽에서인지 저쪽에서인지 모를 시계 초침 소리, 조용히 입술을 달싹이는 소리. 감히 웃음이 새어나온다. 누군가 사라진 세상도 여전히 따뜻하구나. 시간이 얼마나 흘렀는지 모르겠다. 전화를 끊으려 입을 연 순간 H가 동시에 말했다. 그래도 와, 하는 말에 물기가 어려있다. 삼킨 것들이 가슴 언저리를 농락하며 타고 넘어온다. 울컥, 하는 것들을 삼키고 나서야 나만 이 순간을 견디고 있는 것이 아니라는 사실을 깨닫는다. 그토록 받기 싫었던 전화임에도 끊고 나니 허전함이 몰려온다. 휴대폰을 한참이나 붙들고 억지로 숨을 쉰다. 옷장을 열어 내가 가진 옷 중 가장 좋은 옷을 골라 입고 부스스한 머리를 정리한다. 오래된 빗자루처럼 엉켜버린 머리카락을 빗으려니 머리카락이 빗겨지기는커녕 외려 빗이 부러져버리고 만다.

H가 문자로 보내준 주소로 버스를 타고 이동하는 내내 우연인지 운명인지 계속해서 비가 내렸다. 살짝 열린 창문 사이로 쉴 새 없이 비바람이 몰아쳐 왼쪽 어깨가 조금씩 젖어갔다. 장례식장 안은 이미 기자들과 문상객들로 발 디딜 틈 없었다. 카메라를 들이대던 기자들도 감히 안까지 들어가지는 못하겠지 입구에 죽치고 앉아만 있었다. 입

구 하나를 사이에 두고 안과 밖이 사뭇 다른 분위기를 뿜는 탓이겠지.
그렇지 않은 이들도 많겠지만 대부분의 기자들은 죽음 앞에서도 추모
와 애도보다는 단어 하나라도 더 얻어가기 위해 애쓴다. 요즘은 특종
을 잡아 승진하고자 하는 기자들도 많이 보이니 놀랄 일은 아니다. 그
럼에도 죽음의 문턱 안으로는 발을 들이기 쉽지 않을 것이다. 나 또한
마찬가지이니까. 하지만 여기까지 와놓고 예의를 차리는 것도 웃긴 짓
이지 않나. 오는 길에 급히 마련한 현금 몇 푼을 함에 넣고 방명록을
쓴다. 이미 다녀간 몇몇 중 익숙한 이름들이 꽤 많다. 얘도 왔네, 싶은
이들도 있었다. 빽빽한 글자들을 따라 이름을 적는다. 그때 산, 하고
부르는 소리와 함께 어깨를 툭 치는 손길이 있었다. 덕분에 눌러쓴 글
자가 엉망이 되고 말았다.

"아… 이름, 다시 적어야겠네."

내 말에 방명록을 들여다본 그가 아차 하는 표정을 짓는다. 삐뚤게
죽 그어진 획 하나에 내 이름이 아 사가 되어버렸다. 두 줄을 긋고 다
시 이름을 적으며 적당히 안부를 건넸다. 별로 안녕하지 못했지만 안
녕을 묻고, 잘 지낼 상황이 아니었지만 잘 지냈느냐 묻는다. 오랜만이
라며 장소에 어울리지도 않는 웃음을 짓던 그가 문득 입꼬리를 내리더
니 올 줄 몰랐다는 소릴 한다. 주머니에 손을 꽂은 채 의외라는 표정과
놀랍다는 듯한 말을 들으니 새삼 대외적으로 내 이미지가 어땠는지 실
감이 난다. 하긴, 다른 사람들은 나와 아름이가 그렇게 인연을 맺고 살
아갔을 줄은 꿈에도 몰랐을 것이다. 학교에서는 그다지 어울리지 않았
고, 주로 메신저나 편지로 연락을 주고받았기 때문이다. 굳이 주목받

고 싶지 않았고 우리의 우울을 알리고 싶지 않았었다. 그때의 기억을
상기하니 기분이 더더욱 가라앉는다.

　사람이 너무 많았다. 아름이가 친구가 많긴 했지만 이 정도일 줄은
생각도 못 했다. 내가 사 들고 온 꽃이 무색하게 영정사진 아래에 꽃들
이 잔뜩 놓여있었다. 어색한 손끝을 만지작거리며 꽃을 놓고 묵념한
다. 겨우 몸을 돌려 아름이네 가족들과 마주 보고 섰지만 감히 눈을 볼
수 없어 발끝만 보게 된다.

　"쟤야?"

　"야, 조용히 해! 다 들리겠다."

　고개 숙인 나의 뒤로 수군대는 소리가 들린다. 손이 주체할 수 없이
떨리기 시작했다.

　"아니, 뭘 조용히 해. 그게 맞으면 아름이는 쟤가 죽인 거나 다름없
는데!"

　"그게 무슨 말이야?"

　거칠 것 없이 말하던 이를 말리던 여자가 한숨을 푹 쉬고는 말을 잇
는다.

　"아니, 아름이가, 그, 떨어질 때 산이가 같이 있었대. 정확히 말하
면, 떨어지는 걸 보고만 있었다는 거지."

　남자는 순간 얼굴이 헬쑥해져서는 그럴 리가 없다, 절대 아니다, 손
사래를 친다. 무서운 소리 말라며 고개를 젓는 남자와 그에게 맞장구
를 치며 목소리를 죽이는 여자가 보인다. 그러자 여전히 분이 풀리지
않은 채 씩씩대던 맞은편의 남자가 대경하며 소리친다. 학창 시절 자

기가 기억하는 내 모습이 얼마나 우울하고 어리숙해 보였는지에 대해
잔뜩 화가 난 채 떠들어댔다. 그런 나에게 아름이가 어떤 비밀을 털어
놓은 게 분명하고, 내가 그 점을 이용해 아름이를 한계까지 몰아붙였
을 거라는 억측들이 난무한다. 생각해보니 그 남자는 아름이를 좋아
하는 거 아니냐는 소문이 돌았던 그 사람이었다. 헛웃음이 나온다. 이
런 가십에 놀아나는 우리가 불쌍해서. 틀린 말을 한 것도 아닌데 다들
왜 그러냐며 큰소리를 뻥뻥 치는 남자는 자신을 만류하는 손길들을 뿌
리쳐가며 막무가내로 말을 이어간다. 그 모습에 주변인들은 모두 눈을
질끈 감고 얼굴을 손으로 감싼다. 어떤 이는 고개를 설레설레 흔들고
는 제 할 일을 하기도 했다. 그 뒤로도 기다 아니다, 하는 공방이 이어
졌지만 사실 하나도 들리지 않았다. 그 대화로 인해 재조명되는 우리
의 과거가 가볍게 취급되고 있었다. 사람들의 시선이 죄다 나에게 꽂
히고, 다름이의 표정도 조금씩 변해가고 있었다. 시선 끝에 달린 덩굴
이 나를 마구 찔러댄다. 당장 이곳을 빠져나가야 한다는 강박감에 사
로잡혀 앞도 제대로 보이지 않을 만큼 눈앞이 노래지고, 호흡도 가빠
져 왔다. 여차하면 먹을 요량으로 약까지 들고 왔건만 가위에 눌린 것
처럼 몸이 말을 듣지 않는다. 약, 약을 먹어야 하는데. 뭔가 이상함을
느꼈는지 다름이가 무어라 말하며 내 어깨를 잡아 왔다. 억지로 그 손
을 뿌리치고 비틀대며 걸어 나오는 내내 숱한 시선들이 느껴진다. 가
시 박힌 덩굴이 머릿속으로 뿌리내리는 것 같은 기분. 내 모습이 심상
치 않았는지 입구에서 담배를 피우며 기다리고 있던 기자들이 별안간
카메라를 들이밀며 뭐라고 외치기 시작했다. 카메라를 치우려 손을 휘

휘 저었지만 앞도 잘 보이지 않은 채 휘두르는 내 손이 효과가 있을 리 없었다. 무릎이 꺾여 휘청인다. 그런데 계단이 있었던 모양인지 볼썽 사납게도 널브러졌다. 의식이 가물가물해진다. 이목이 쏠릴 때마다, 그리고 죄책감과 자기비하가 넘쳐흐를 때마다 이 모양 이 꼴이다. 졸 린 목으로 호흡하듯 머리가 띵하고 귓가에 속삭이는 목소리들이 있다. 나의 죄의식을 부추기고 더 깊이 빠져 헤어나오지 못하게 만드는. 그 목소리들에 홀려 스스로 의식을 놓는 순간, 영원히 잠에서 깰 수 없게 되는 것이다. 그때, 다급한 발소리와 함께 내가 너무나 잘 알던 목소리 가 들려왔다. H였다. 산아-! 하고 내 몸을 일으켜 세운다. 그때, 안도 해버리고 말았던 것은 왜일까. 거의 졸도할 뻔했던 순간, 조금 볼품없 긴 해도, 아니 그래서 나에게 가장 걸맞은 최후라고 생각했었다.

얼마 전, 공황으로 병원에 실려 간 적이 있다. 깨어나 보니 응급처 치를 잘해준 덕에 겨우 골든타임을 지킬 수 있었다고 했다. 아마 그때 가 공황발작을 일으킨 첫 순간이었던 것으로 기억한다. 늘 위태롭게 살아가던 친언니의 죽음 직후였다. 말라비틀어진 밀랍 인형 같다가, 거식증 환자이기도 했다가, 알 수 없는 말들을 잔뜩 하기도 했다. 늘 살얼음판을 걷는 것 같다고 했었다. 그런 언니는 어느 날 우리를 기어 코 시체검안실로 불러냈다. 아버지는 알코올 중독에 빠진 어머니를 두 고 집을 나가버렸고, 술 없이는 살 수 없던 엄마는 어느 날 돌연 중독 에서 벗어나게 되었다. 얼마 전, SNS에 '사라지는 사람들'이라는 모 임에 대한 광고성 글이 자주 눈에 띄었다. 처음 한두 번은 그저 소문에 불과하지 않겠나, 하는 마음으로 지나쳤는데 하도 자주 보여 읽어보니 자살을 시도했다가 살아난 사람이라든가 가족, 친구, 연인 등의 죽음으로 삶을 잃은 사람들의 모임이라고 했다. 그 글을 읽으며 얼굴을 몹시 구겼던 기억이 난다. 어차피 삶은 지옥일 텐데, 자기들끼리 모여 뭘 하든 죽은 자는 돌아오지 않을 텐데, 죽고 싶었던 기억이 사라지지 않을 텐데. 뭐 그런 끔찍한 생각들을 하면서 말이다. 그 모임에 다녀온 어떤 사람은 자신의 블로그에 사는 게 지옥이었다는 글을 적었다. 하지만 지금은 아니라고, 여전히 사는 것이 두렵지만 그럼에도 자신은 나아가고 있다고, 그렇게 믿는다고. 그 당시에는 몰랐지만, 생각해보니 엄마가 그곳에 다녀오지 않았나, 하는 생각이 이제 와 든다. 알코올 중독에 벗어난 건 그 덕분이었을까? 엄마도 이런 기분이었을까? 괜찮냐고 물어오는 H의 목소리에 호흡이 조금씩 안정되어 간다. 이 세상 어딘가에 나를 알아주는 사람이 있다는 것. 나를 안아줄 사람이 있다는 것. 그것만으로 마음이 편안해질 수 있다는 것을 알아버렸다.

"원주…"

"산아! 괜찮아?"

힘이 들어가지 않는 손을 억지로 들어 오른쪽 주머니를 가리키자 H는 벌벌 떨면서도 약을 찾아 내게 먹여주었다. 약을 삼키고 나니 이명이 조금씩 잦아들고 앞이 보이기 시작한다. H 덕에 기자들은 저만치 서서 지켜보기만 할 뿐, 어떤 행동도 하지 않고 있었다. 앓는 소리를 내며 몸을 일으키자 잔뜩 울상을 짓고 있는 H가 보인다. 그 얼굴이 퍽 마음에 들어 작게 소리 내어 웃고 말았다.

겨우 되찾은 정신이지만 오늘 저녁에는 경찰서에 출석해 진술조서를 작성해야 하는 날이기 때문에 잔소리를 퍼붓고 있는 원주를 피해 집으로 돌아왔다. 그런데 아파트 단지 내에 들어서자 엄마가 웬 노부부와 진지하게 대화하고 있어 바로 엘리베이터를 타지 못하고 근처를 서성였다. 한참을 그렇게 서 있었을까. 노부부가 돌아가는 것을 끝까지 지켜본 엄마가 다시 아파트 안으로 들어가는 것을 보고 얼른 따라 들어가 붙잡아 세웠다. 누구냐고 캐물어도 엄마는 그냥 아는 사람, 이라고만 대답한다. 그러고는 엘리베이터 핑계를 대며 내게 잡힌 팔을 빼냈다. 안 타냐고 묻기에 오늘 늦는다고 대답하고는 일찍 오라는 말을 뒤로 하고 아파트 단지를 벗어났다. 경찰서 안에 들어서자 드라마에서만 보던 익숙한 풍경이 펼쳐졌다. 시시껄렁한 말이나 내뱉으며 삐딱한 자세를 하고 있는 양아치들, 합의를 하네 마네 고래고래 소리를 지르는 학부모들과 아직도 서로를 헐뜯고 있는 학생들. 지나가는 아무나 붙들고 박 형사님을 찾는다, 했더니 의심쩍은 눈길로 나를 살피며 누구냐 묻는다. 어떻게 나를 소개해야 하나 조금 고민하다가 이번 여대생 자살 사건의 관계인이라 소개했다. 그러자 금세 표정이 풀어져서는 찾아오겠다며 헐레벌떡 뛰어간다. 이제야 그가 입고 있는 노란 야광 조끼가 눈에 띈다. 훤칠한 키에 수더분한 인상. 한눈에 봐도 친화력이 좋아 보이는 얼굴이다. 아니나 다를까, 가는 곳마다 사람을 몰고 다닌다. 박 형사 한 명 찾으러 가놓고 경찰이란 경찰은 다 불러다 놓고 탐문조사를 하는 중이다. 얼마 지나지 않아 그가 화색이 돈 얼굴로 내 쪽을 향해 달려온다. 감사합니다, 하고 인사를 하자 뭐 이 정도로 그러냐며 어서 들어가라 손사래를 친다. 사람들은 어떤 죽음이나, 정신적인 문제 혹은 깊이가 있는 절망 앞에 어깨에 힘을 주고 동정을 표한다.
모두가 그렇지는 않으나 그 모습이 진심임에도 진심으로 느껴지지 않
는다. 곧 잊을 것이고, 그들에게는 해프닝에 불과한 일일 텐데 무엇이
그리 서럽고 애달픈가. 이 순경 또한 '자살'이라는 단어의 무게 앞에
조바심을 내는 것뿐일 테지. 조금 무례한 생각을 하며 안내받은 조서
실로 들어가자, 이미 남자 형사 한 명이 앉아있었다. 그는 나에게 녹음
을 해도 되는지 물었고, 나는 괜찮다고 답했다. 나는 그 형사에게 내가
어떻게 그 사고 현장에 갈 수 있었는지, 아름이와 어떤 관계인지, 그런
것들을 조금 머뭇거리며 진술했다.

　혼자만의 공상에 빠져 그림자 짙은 글을 끄적이고 있었던 어느 날,
문득 고개를 들어보니 그녀가 다 죽어가는 얼굴로 내 앞에 서 있었다.
비가 왔고, 소매 끝이 축축했다. 아침에는 펌을 한 머리가 아주 사랑스
럽다고 생각했는데, 지금은 그 사랑스러움을 찾아볼 수도 없을 만큼
땅을 향해 치솟고 있었다. 서로 눈이 마주친 순간 참을 수 없이 눈물이
흘러내렸다. 순식간에 고요해진 분위기 속에 애써 마음을 가다듬고 조
심스럽게 손목을 잡아끌었다. 한참을 걸어 들어간 빈 교실에서 우리
는 한참을 울었다. 왜 라든지, 어떻게 라든지, 그런 것은 중요하지 않
았다. 손목에서 무언가 흐르는 것이 많아 소리를 낼 수 없었다. 우리
는 그저 조용히, 적막 속 시계 초침 소리에 맞추어 서로를 끌어안고 있
었다. 띄엄띄엄 제발, 이라고 했던 것도 같다. 너무 힘들어, 라는 말도.
다음 날 그녀는 하복 대신 춘추복을 입고 왔다. 모두들 그녀에게 갑자
기 웬 춘추복이냐며 가볍게 말을 던졌지만, 그녀는 아직 좀 춥다는 말

외에는 그 어떤 말도 하지 않았다. 점심도 거르고 잠만 자는 그녀를 깨워 아무도 없는 교실에서 연신 약을 발라 문지르고 한참 바라보다 옷소매를 내려 단추를 잠가주었다. 그리고 어느 날은 불쑥 그녀에게 전화를 걸었다. 여보세요, 한 마디에 억장이 무너져 내리고 말았다. 시간이 얼마나 흐르고 있는지도 모르는 채 차마 어떤 말도 하지 못하고 전화를 끊으려 하자 그녀는 아주 고요한 목소리로 '걱정 마, 늘 있어.'라고 했다. 그 말에 끓어오르던 무언가가 폭발해버린 듯했다. 더 이상 흉터가 생기 자리가 없을 정도로 빼곡히 새겨진 칼자국이 보였다. 무의식적으로 잔뜩 헤집어 잔뜩 벌어진 상처들. 때로는 이 흉터가 살아 있음을 증명하는 징표가 되기도 했다가 끝없이 비참해지는 감정의 시발점이 되기도 했다. 습관처럼 덮은 긴 소매로도 가려지지 않는 슬픔이다. 예전 버릇이 나온다며 한참을 눈물과 함께 뱉어내다 그런데 약이 없어, 라고 하자 잠깐 기다리라며 전화를 끊더니 잠시 후에 약을 사 들고 내 앞에 나타났다. 저와 비슷한 길이의 옷을 입고 있는 나를 보며 그녀는 한숨처럼 위로를 건넸다. 미안, 닮으려던 건 아닌데 어쩜 우린 흉터도 비슷할까. 울음이 그치면 밤새도록 장사를 하시는 포장마차의 아주머니에게서 닭꼬치를 하나씩 사 들고 동네를 몇 바퀴씩 걸었다. 두런두런 이야기를 나누며. 내가 가장 좋아했던 닭꼬치였다. 학교에서는 둘이 어떻게 친해졌냐며 이것저것 캐묻는 입들이 너무도 많았다. 그래서 우린 주로 편지를 주고받았다. 늘 그렇듯 어두운 이야기를 했다. 주로 안부를 물었고, 어떤 날은 그 긴 편지지에 힘들어, 라는 단세 글자만 적기도 했다. 그럴 때마다 그녀는 부디 잡아먹히지 말라는 편지를 보냈다. 그 편지에 또 하루를 살았고, 늘 그랬듯이 그래도 살아보자고 답장했다. 나는 나아갔고, 그녀는 그러지 못했다. 간혹 편지도, 안부도 없이 사라졌다. 그럴 때는 SNS를 뒤져보았고, 꽤 괜찮은 이들과 괜찮은 시간을 보내고 있는 듯하여 잠시 편지를 쉬었다.

학창 시절 우리의 관계와 우리의 흉터 같은 것들을 들켰던 아이가 있었다. 너무 오래도록 받은 편지도 없이 부치기만 한 편지가 쌓일 때쯤 그 아이에게서 연락이 왔다. 그녀가 사라졌다고, 어디에도 없다고. 그 말을 듣자마자 심장이 철렁했다. 그동안 수십 수백 번도 더 사라지겠다 했으나 그러지 않았고, 그럼에도 이번에는 진짜일 것이라는 근거 없는 확신이 있었다. 미친 사람처럼 거리를 헤집고 다녔다. 같이 찾자는 그 아이의 말에도 아랑곳없이 발길 닿는 곳이라면, 길이 없는 곳에서도 그녀를 찾았다. 아무리 찾아봐도 찾을 수 없었고, 심지어 소나기가 내려 한 치 앞도 볼 수 없는 지경에 이르러서야 그녀의 집 앞에 몰려있던 경찰들에게로 돌아갔다. 괜찮을 것이라는 말을 방언처럼 중얼거린다. 빠르고 간절하게. 생전 믿어본 적도 없는 신이 제발 이 순간만큼이라도 나를 굽어살펴 주길 빌고 또 빌었다. 쉼 없이 움직이던 입술이 마침내 멈추고 기시감이 드는 순간. 그 순간 나도 모르게 아파트 위를 올려다보았고, 그것은 우연이었으나 그곳에는 나의 필연이 있었다. 경찰들보다 빨리 발견했으니 당연히 더 빠르게 뛸 수 있었고, 경비실에서 마스터키를 가져와 계단을 두 칸씩 뛰어 올라갔다. 급한 마음에 열쇠를 열기가 힘들었다. 손바닥에서 땀이 흘러 몇 번이고 바지에 닦아가며 겨우 문손잡이를 돌려 열었을 때, 흔들리는 신형이 있었다.

언제 버렸는지 모를 열쇠는 바닥에 내던져졌고, 나를 잡으러 쫓아온 경찰이 뒤늦게 넘어진 나를 앞질러 뛰어갔으나 내밀어진 손은 그저 허공을 격하고 날았을 뿐이었다. 한쪽 발의 뒤꿈치를 아슬아슬하게 걸치고 뒤를 돌아본 그 얼굴은, 언젠가 비참함을 이기지 못한 채 울부짖던 그 밤을 닮아있었다. 심장이 너무 빨리 뛰어서 공황이 올 지경이었는데도, 아니 공황으로 숨 쉬는 것조차 버거웠는데도, 넘어진 그 순간 다시 바닥을 박차고 달렸다. 그녀에게로 내내 달렸는데도, 그랬는데도, 경찰이 놓친 그 손을 잡지 못하고 휘청이고 말았다. 신체의 어느 부분도 바닥에 붙어있지 않았던 약 1초 정도, 그 짧은 순간 그녀는 마지막까지도 잔인했다. 안녕. 안녕이라고. 웃는 건지 우는 건지 알 수 없는 표정으로 달싹이는 그 입술에서 안녕이란 말이 나와서는 안 됐다. 그래서는 안 되는 거였다. 어떻게 나한테 이럴 수 있냐고 고함을 질렀다. 몇 번이나 그녀를 따라 뛰려는 나를 모두들 말렸다. 어디선가 고함 소리가 들렸고 나는 난간에서 저만치 떨어진 채 내동댕이쳐졌다. 누가 봐도 미친 것처럼 또다시 달려 나가는 나를 누군가 강한 악력으로 붙잡는다. 뿌리치고 애원해도 놔주지 않더니 일순 나의 목덜미를 강하게 내리쳤다. 한순간에 캄캄해지는 의식을 붙들고 그녀가 부디 아프기 전에 죽었길 빌었다. 원망도 했다. 나를 살려놓고 가버린 망자. 자신의 죽음으로 나를 살린, 잊지 못할 나의 하나뿐인 가족, 친구, 연인, 그 모든 것이었던 사람.

  ─……여기까지 하겠습니다. 녹음에 동의하셨고, 조서에 기명날인하셨으므로 이번 사건의 증거로 사용될 겁니다. 이만 가보셔도 좋아요.

진술을 끝내고 돌아오는 길, 경찰서 앞 거울 속의 내가 그렇게 초라해 보일 수 없었다. 이때껏 봐왔던 내 모습 중 가장 볼품없고 쓸모없어 보였다. 무능한 것. 무력한 것. 눈물로 얼룩진 두 볼이 푸석푸석했다. 아무리 벅벅 닦아도 지워지지 않는 찌든 때처럼 진득하니 눌러붙은 슬픔. 그런 생각이 든다. 아름이가 연락되지 않던 그 몇 주 동안 사실은 내가 아름이에게서 잊혔을지도 모르니 이제 관둘까, 했던 그 마음이 얄밉다는. 그런 치졸함이 원망스럽다. 사실은 겁이 났고, 자격이 없다는 것을 알고 있었다. 누군가를 감싸주기에는 나도 만만치 않게 힘들다고 생각했다. 그러지 말았어야 했다. 나 하나 감당하기도 벅차다는 이유로, 너의 슬픔을 외면하지 말았어야 했다. 모르는 척하지 말았어야 했다. 너의 상처를 다 알고도 꾸준히 아름이를 지켜주었던 원주, 아름이의 가족들, 그 따뜻함을 안다. 그 속에서 맑게 웃던 아름이의 모습도 충분히 기억한다. 나 없이도 아름이는 상처를 극복하고 당당히 걸어나갈 수 있다고 생각했다. 너의 곁에 이제는 너를 다 알고도 꽉 잡고 놓지 않는 소중한 사람들이 있으니 내가 끼어들 수 없다, 는 기만이었다. 오만이었고 변명이었다. 나에게 자격이 없다는 것을 증명 당하고 싶지 않아 확인을 미루었다. 무서웠어도, 그러지 말았어야 했다. 괜찮냐고, 왜 편지하지 않냐고, 이제 손목을 긋지 않느냐고, 물었어야 했다. 마지막 순간의 네 눈을 보니, 단 한 발자국도 나아가지 못했다는 걸 깨달았다. 마지막의 마지막이 되고서야 깨달았다. 늦었다. 잡을 수 있었는데, 마음먹지 않게 할 수 있었는데. 그날, 언니의 죽음에서도 오늘 같은 비릿한 향이 진동했었다. 비도 오지 않을 거면서 비릿한 물기만 머물다 가버리는, 이도 저도 아닌 찝찝함. 숨이 턱턱 막혀온다. 계단 하나 내려가는 것도 쉽지 않을 만큼 세상이 빙글빙글 돈다. 아름이도 이랬을까? 사실은 웃는 게 아니라 울고 싶었을 텐데.

"저기요!"

입구에서 다섯 발자국쯤 나오면 있는 계단의 두 번째 칸에서 엉거주춤하게 선 채로 뒤를 돌아보자 좀 전의 그 형사가 편지 봉투 하나를 들고 뛰어오고 있었다. 까치집을 지은 자신의 뒷머리를 만지작대며 조금 망설인다. 조금 의뭉스러운 행동에 의아해질 때쯤 그가 편지 봉투를 불쑥 내밀었다. 겉표지에는 I라고 적혀 있었다. 깔끔한 흰 봉투에 뭉툭한 연필로 적은 정갈하고 아담한 글씨. 배꼽 아래에서 뭔가가 차오른다. 뜨겁기도 하고, 차갑기도 한 뭔가가. 나는 이제 울지 않는 법을 모르겠다. 어떻게 했었는지 기억이 나질 않는다. 혹시 본인에게 온 편지가 맞는지 묻기에 맞다고 대답했다. I는 우리의 편지를 위해 정한 나의 애칭이었으니까. 본인이 맞다면 가져가시라며 또 한 번 뒷머리를 쓱쓱 문질러대는 형사를 멍하니 바라보다 다리에 달라붙은 따가운 감각에 소스라치게 놀라 물러선다. 그 바람에 하마터면 마지막 계단 하나를 두고 넘어질 뻔했다. 화끈거리는 얼굴을 진정시키며 꾸벅, 인사를 하고 돌아선다. 서둘러 주차된 차들을 지나치자 입구쯤 H가 서 있었다. 입에는 담배를 문 채 담벼락에 비스듬히 기대어 있다. 여긴 또 왜 왔냐며 퉁명스레 물었다. 그럼에도 H는 그저 가만히 웃으며 나를 마주 보았다. 따뜻하면서도 꿰뚫어 보는 듯한 눈동자와 마주한다. 그러자 어쩐지 마음을 들킨 것 같아 시선을 피하게 된다. 사실은 이런 곳에서 아

는 사람을 만나 몹시 기쁘다고 말해야 하는데. 안녕이라고 했어야 맞
지 않나, 하는 후회를 한다. 그럼에도 H는 그저 가만히 웃으며 나를 마
주 보았다.

"그냥. 산 사람은 살아야 하지 않나 싶어서."

대답은 하지 않았다. 아니, 할 수 없었다. 산 사람은 사는 게 쉽지는
않으니까. 그런 나를 물끄러미 바라보던 H가 불쑥 담배 하나를 들이
민다. 담배를 피우지 않는 나는 눈을 흘기며 내밀어진 손을 밀어냈다.
거절당했으면서도 다시 밀려오는 손이 당황스럽다. 담배 안 피우는 거
다 안다며, 다시 한]번 담배를 들이민다. 왜일까. 평소였다면 절대 응
하지 않았을 제안이지만, 그 날따라 큰 거부감 없이 담배를 받아들게
되었다. 뭐든 하고 싶은 마음이었을까. 마음을 걸러내고 싶은 본능이
었을지도 모른다. 손에 쥔 담배를 물끄러미 내려다보며 만지작대고만
있자, 조용히 다가온 H가 제 라이터를 꺼내 손수 불을 붙여준다. 괜찮
으니 천천히 하라는 말과 함께. 그 말을 하는 H의 눈을 가만히 들여다
본다. 나는 그 말이 나의 불안에게 하는 말로 들려 이상하게도 안심이
되고 만다. H가 붙여준 불길을 바라보다 담배의 끄트머리를 물고 천
천히 빨아들였다. 켁, 콜록. 콜록. 연신 기침을 해대자 뭐가 그리 웃긴
지 푸하하, 하고 크게 웃는 H를 잠시 째려봐주었다.

"웃지 마!"

그러자 키득대던 H가 슬그머니 표정을 굳힌 채 살이 쭉 빠진 내 볼
을 검지 손가락으로 쿡 찌른다. 이제야 좀 산 사람 같아서 그래, 하며.
손가락이 닿았던 자리가 횅했다. 기침이 멎자마자 다시 한번 연기를

깊이 빨아들인다. 콜록. 이번에도 기침이 나왔지만 다만 잔기침으로
그쳤다.

"그래서, 그건 뭐야?"

내 손에 들린 봉투를 가리키며 H가 물었다. 들은 질문을 인식하지
못하고 한참이나 멍청한 얼굴을 했다. H는 참을성 있게도 나를 기다
렸고, 퍼뜩 정신을 차린 나는 아름이의 유품을 받았다는 것을 횡설수
설하며 설명했다. 순간, 이 편지의 존재를 잠시라도 잊었다는 사실에
소스라치게 놀랐다. 뜨뜻미지근한 담배 연기의 온기를 손으로 움켜쥔
다. 확인해볼 거냐는 말에 또다시 멍청한 기분이 된다. 아마 지금 내
표정을 거울로 보게 된다면 분명 멍청한 얼굴일 것이라 믿는다. 아직
생각해보지 못한 질문에 가슴께가 따끔거렸다. 한참이나 침묵이 흐르
고, 간간이 들려오는 뻐끔대는 우리의 연기를 제외하고는 고요했다.
담배를 몇 번이나 입에 물었다 뺐다를 반복하고, 정신 사납게도 손끝
을 만지작대고 나서야 겨우 입을 뗄 수 있었다.

"읽어봐야지. 말이 편지고 유품이지, 그냥 유서잖아. 그것도 나한테
남긴. 읽지 않으면 하루도 더 못 살 거야."

처음 배운 담배의 알싸한 웃음기가 채 가시기도 전에 다시금 공기가
가라앉는다. 감당하고 싶지 않은 끈적한 정적이다. 마침내 H가 담배
한 대를 다 피워냈다. H는 자신의 운동화 앞꿈치로 담배 끄트머리를
짓이겨 잔불을 껐다. 어렴풋이 웃으며 전화하겠다는 말을 남기고 H가
먼저 돌아선다. 잘 가라는 말은 뒤로한 채, 나만 알 수 있는 안부를 속
으로만 건넨다. 안녕이라는 말은 다시는 못 할 것 같았다.

멀어지는 H를 뒤로 하고 집 앞 놀이터로 발걸음을 옮겼다. 시간은 벌써 자정을 향해 열심히 달려가고 있었다. 인적 없는 놀이터는 주인 잃은 강아지처럼 처량해 보였다. 밤잠 없는 참새 한 마리가 나무 위를 포르륵 포르륵 날아다니더니, 그마저도 어딘가로 가버리고 더 이상 보이지 않는다. 어릴 때도 잘 타지 않았던 그네에 앉아 편지 봉투를 천천히 꺼내 본다. 가장 윗줄, 친애하는 I에게, 라는 문장을 읽자마자 귓가가 사정없이 쿵쾅댔다. 매번 이름을 부르면 멋이 살지 않으니 I라고 불러달라고 부탁했었다. 내가 가장 좋아하는 알파벳이기도 하고. 꽤 괜찮다며 좋아하던 아름이의 모습이 이렇게나 선명하다.

'안녕, I. 이 편지를 읽고 있다면 내가 드디어 성공했다는 뜻이겠지? 너에겐 좀 잔인한 일이야. 날 참 많이 아껴줬는데. 내가 사라지고 난 후의 네가 어떨지 생각을 좀 해봤어. 우린 가족도 아니고, 아주 대단한 우정이 있는 것도 아니지만. 그렇지만, 내 마지막을 보는 너의 표정이 어떨지 떠올리니까 그래도 우리가 이만큼이나 나아갔구나 싶더라. 난 여전히 잘 지내지 못해. 물론 이제 알았겠지만. 가장 위험한 순간에 네가 몇 번이고 잡아준 덕에 지금껏 살았어. 살아온 덕분에 좋은 친구들과 행복한 시간도 보냈지. 그래도 안 되겠더라고. 넌 날 이해해 줄 거라고 생각해. 우리 그때 소울메이트였잖아. ㅋㅋㅋㅋ아무튼 말이야. 예전에 내 손목을 부드럽게 감싸준 네가 생각이 나. 앞뒤 가리지 않고 울어대는 나를 말 없이 안아줬었지. 그래서 너에게 이 편지를 남겨. I, 나 없이 너무 울지 마. 네 덕분에 오래 살았고, 조금 편하게 가니까. 어렸던 나를 따뜻하게 해줘서 고마웠어. 나 표현 잘 못하는 거 알지? 그때 너한테 고맙다고, 살겠다고, 그렇게 말해줬다면 네가 좀 더 용기를 낼 수 있었을까? 미안해. 그냥 하나

의 삶이 사라진 거니까 너무 울지 마. 너 우는 거 진짜 마음 아프더라. 이 편지
가 전부 과거형이라 끝맺음이 영 좋진 않겠지만, 날 원망하기 위해 살아. 네 얼
굴도 나 못지않게 끝만 보고 있어서 하는 말이야. 왜 널 두고 먼저 가서 널 괴롭
게 하느냐고 욕하면서 살아. 조금만 울어주라. 마지막까지 너에게 기억되고 싶
은 내 욕심인데, 조금만 울고, 삶으로 가득 찬 사람을 만나 자주 웃으면서 살아
줘. 내가 못 한 거 네가 다 해. I, 너무 빨리 오지 마. 안녕.'

　뚝뚝 떨어지는 눈물을 주체할 수가 없다. 기껏 받아온 아름이의 유
일한 유품인데, 눈물 때문에 온통 번져 엉망이 되고 있었다. 황급히 소
매 끝으로 닦아내고 다시 한번 읽는다. 한 번, 두 번, 세 번. 읽고 또 읽
는다. 미안하다면서 어떻게 그렇게 다 끊어내고 단호하게 갈 수 있었
는지 도무지 이해할 수 없었다. 내가 사는 게 누구 덕분인데, 나만 두
고 이렇게. 불현듯 그 생각이 났다. 달에 한 번꼴로 자기 몸을 상처입
히던 아름. 그리고 자해를 습관이라 부르던 무덤덤한 얼굴. 상처가
아문지 이틀도 채 되지 않았을 무렵, 충동적으로 자해를 하고 난 뒤 나
에게 전화를 한 아름이가 지나가는 듯한 말투로 했던 말.

　끝나기만을 바라는 삶에 무슨 의미가 있고 목적이 있을까. 아마 좀
더 살아볼까 하다가도 순식간에 무너진다는 말들을 하며 쉽게 터지는
자신의 손목을 만지작댔을 것이다. 여러 번 파헤쳐졌으니 흐릿한 바람
에도 쉬이 터져나올 수밖에. 나 같은 사람 또 있을까, 하고 잠시 말을
끊는다. 틀렸어, 아름아. 나 같은 사람도 있어. 유복하지는 않아도 꽤
있는 집에 태어나 모자람은 있어도 충분히 사랑받으며 자랐고, 분에
넘치도록 좋은 친구들을 뒀고, 남이 보면 있는 놈이 더 한다며 욕할지

도 모를 그런 삶을 받았다고. 우리는 그렇게 태어났다고. 그런 말을 했다. 그러나 우리가 가지지 못했던 단 한 가지는 자존감이었다. 나를 사랑할 수 있는 힘. 받은 사랑으로 베풀 줄 아는 힘. 사랑받을 줄 아는 용기와 무너지지 않을 단단함. 우리는 우리를 사랑하지 않았다. 우리는 말이 없는 세상에서 살고 싶었다. 소란스럽지 않은, 무엇도 없고 너와 내가, 나와 네가, 고요할 수 있는 세상. 시선이 없고 말이 없는 곳. 그런 곳은 하나뿐이라는 나의 말에 아름이는 작게 웃으며 소곤거리는 목소리로 맞아, 그곳에 가고 싶어, 하고 답했다. 그 말을 듣고 얼마나 정신없이 뛰었는지 겨울이었음에도 옷이 흠뻑 젖은 채 아름이의 집 앞에 도착해 나와달라고 했었다. 어김없이 얇아진 손목을 쥐고서, 나 같은 사람도 산다고, 그렇게 말했다. 부디 살아달라고, 자꾸 널 아프게 하지 말라고. 힘없이 웃어 보인 아름이가 되려 나를 위로하고, 그 위로에 내가 상처받은 이상한 밤이었다. 그 후로는 많이 진정된 것 같았고 위태로워 보이던 표정도 조금 나아진 것 같아 안심했었던 것 같다. 이제보니 I와 안녕이라는 글자의 발음이 비슷하다. 발음이 좋다는 이유로, 아름이가 마음에 들어 한다는 이유로 성급하게 정해버린 우리의 마지막 인사. 작별인사를 미리 정해둔 것 같아 미친 듯이 후회가 된다.

내 삶의 이유가 너였다고, 죽어가던 나를 네가 살렸다고, 그 말을 전해야한다는 생각이 들기 시작했다. 오랫동안 긋지 않았던 손목이 다시금 시큼해진다. 너로 살린 내가 너를 양분 삼아 자라면 안 되지 않을까. 아름아. 아름아. 아름아, 살아도 같이 살고 죽어도 같이 죽자고 했던 것 같은데. 그런 온도의 말들을 방언처럼 중얼댄다. 오늘 하루 몇 번이고 넘어지면서 깨져버린 손톱이 손바닥을 파고든다. 최근 들어 잠 잠해졌던 충동이 튀어나온다. 편지를 다시 고이 접어 호주머니에 집어 넣고 지퍼를 단단히 잠근다. 수중에 있던 현금 만 원으로 월미도로 가는 버스에 올라탔다. 자정을 막 넘긴 시간이라 사람은 거의 없었다. 나와 같은 버스를 탄 사람도 세 사람뿐이었다. 한참을 달려 버스에서 내리자 버스 기사님이 밤길 조심하라며 다정한 말씀을 건네셨다. 택시도 없고 해서 걷고 또 걸어 바닷가에 도착하자 살이 에일 것 같은 바닷바람이 훅 끼쳤다. 문득 휴대폰 시계를 보니 벌써 새벽 2시 37분이었다. 휴대폰 전원 버튼을 길게 눌러 끈 뒤 해변의 아무 데나 버렸다. 물가를 따라 한참을 걷다 누군가 남긴 하트가 거의 지워져 가는 곳을 발견하고 그 옆에 털썩 앉는다. 파도에 하트가 마저 다 지워지는 것을 끝까지 지켜본 후 그 자리에 손가락으로 안녕, 이라고 적었다. 혹시 보고 있다면 웃어줄까 싶은 마음에. 소란스러운 밤이다. 달도, 별도, 지나가는 바람에 음산한 목소리를 싣고 내게 달려오는 것만 같다. 싸늘한 바람에 콧물도 흐르고, 손과 발이 찢어질 것 같아져 이만 바지의 엉덩이 부분을 툭툭 털고 일어섰다. 아이러니하게도 이런 상황이 되자 웃음이 더 자연스럽게 나온다. 어쩌면 이 순간을 기다리고 있었을지도 모른다는 생각이 스친다. 홀가분했다. 서늘한 바람이 더없이 포근하게 느껴지기 시작한다. 오래된 숙제를 끝내는 듯한 기분. 죽음으로부터 도망치던 삶이 우습게 느껴질 정도였다. 불현듯 용기가 생겨 어느 날 나 자신을 놓아버릴까 겁냈던 밤들이 떠오른다. 여기까지 와보니 불안정했던 삶을 두고 죽음으로 도망치지 않을 이유는 없지 않았을까. 무언가를 완전히 끝낼 용기를 낸다는 것이 이런 기분이었구나. 신고 있던 운동화와 양말을 벗어 던지고 힘차게 바닷속으로 걸어 들어간다. 바람보다 좀 더 포근한 파도의 감각에 마음이 놓인다. 한 걸음, 한 걸음, 들어갈 때마다 발끝에 힘이 실린다. 나를 밀어내는 파도에 저항하듯 힘을 주어 죽음 속으로 달려갔다. 눈 깜빡할 사이에 나를 모두 집어삼킨 바다가 순식간에 아래로, 더 아래로, 끌어당긴다. 돌아가는 고개를 따라 그륵, 그륵. 기포 속으로 물이 피어올랐다. 얇은 눈꺼풀 사이로 스치듯 어른거리는 기억들. 흔들리는 해초처럼 가벼운 팔 아래, 입술 끝에 달린 울분이 토해진다. 바다가 어두운 것인지, 내 눈앞이 흐려진 것인지, 잘 인식되지 않는다. 어디선가 바람의 노래가 들리는 것도 같았다. 고맙게도 나의 이름을 불러주는 것도 같았다.

  헉, 하고 숨을 들이쉰다. 이질적이고 낯선 감각에 쉽게 정신을 차릴 수 없었다. 눈을 떠 보려고 해도 너무 눈부셔서 끙끙대며 옆으로 돌아누웠다. 간신히 눈을 떠보니 나는 환자복을 입고 있었다. 몸을 일으키려 애써보지만 두들겨 맞은 듯 욱신거리지 않는 곳이 없어 도저히 힘을 낼 수가 없었다. 물을 잔뜩 들이마신 탓인지 숨결에 바다 냄새가 나는 듯했다. 손목에 꽂힌 링거가 몹시도 이질적이다. 가차 없이 놓고 뿌리쳐도 언제까지고 쫓아오는 삶은 강아지를 닮았다. 그러나 사랑스럽지 않다. 어쩌면 나를 사랑하지 않는 삶이 있는 것이 아니라, 사랑할 줄 모르는 나만이 덩그러니 존재하는 것일지도 모른다는 생각이 들었다. 그럼에도 쉬이 쥘 수 없다. 제 손끝이 하얘지도록 나의 손을 붙들고 있는 저 따뜻한 손을 감히 마주 잡을 수 없듯이. H, 아니 원주는 이 시끄러운 곳에서도 잠이 오는 걸까. 혹시 나를 밤새 지켜보다 겨우 잠 들었을까. 온통 죽음의 냄새로 가득한 이곳에서 너처럼 생명력이 넘치 는 아이가 어떻게 버티고 있었을까. 죽음이 뿌리내린 나를 건져올린 건 너일까? 무슨 생각을 했을까. 머릿속이 시끄럽다. 고통에 몸부림치 는 저 끔찍한 소리들보다도 더 시끄럽다. 커튼이 쳐져 있는데도 옆 침 대에서 무슨 일이 벌어지고 있는지 아주 생생히 느껴진다. 누군 늑골 이 부러졌고, 누구는 호흡곤란, 또 어떤 사람은 경동맥이 끊어졌다고 한다. 생과 사의 경계에 선 그들을 살리기 위해 온몸을 불사르는 의사 들을 가만히 바라본다. 문득 삶에 의미를 부여하고 싶어진다. 누군가 는 구하려 애쓰는 생명들이 있으니 그들을 위해 살아볼까, 하는 생각 이 얼핏 스치고 지나간다. 내 삶에도 어떤 가치가 있을까? 세상 어딘 가에 나의 삶에도 생명력을 가질 가치가 있다고 부르짖어 주는 사람이 있을까? 억눌렀던 마음이 조금씩 새어 나온다. 산 사람은 살아야 한다 며 웃던 원주가 생각난 탓이다. 타들어가는 담배 연기와 함께 무언가 타들어 가던 시간. 어쩌면 내가 태운 것은 비단 담배뿐만이 아니었을 지도 모른다. 알량한 생에 대한 갈망. 사실은 인정받고 싶고, 구원받고 싶고, 살아가도 된다는 말을 듣고 싶었다. 하지만 금세 고개를 저었다. 죽어가는 자들을 보면 으레 그렇듯 스스로에 대한 동정심일 뿐이라고 중얼댄다. 스스로가 생각하기에도 비참한 마음이다. 나는 죽어가는 사람이 아니라 죽은 사람이니 어차피 사랑할 것이 못 되는 삶이라고 단정 짓는다.

이 작고 고운 손을 어찌할까, 고민하다 조심스럽게 떼어냈다. 아주 조용히 병원을 빠져나갈 생각이다. 다시는, 누구도 찾지 못할 곳으로. 하지만 역시나 무엇이든 쉽게 흘러가는 것은 없다. 어느새 잠에서 깬 원주가 깨어난 나를 보고 벌떡 일어서며 빠른 속도로 말을 뱉어낸다. 아예 허리에 손까지 올리고 거기가 어디라고 들어가냐는 둥, 정말 죽을 뻔했다는 둥, 다시는 그럴 생각 말라는 둥 잔소리 같은 걱정들을 해 댔다. 사실 시끄러웠다. 죽으려고 한 사람에게 정말 죽을 뻔했다는 말이 어떤 의미로 다가오는지. 모르겠지. 모를 것이다. 나조차도 모르겠으니까. 죽지 못해 화가 난 건지, 죽지 못해 다행인 건지. 이 혼란스러운 감정에 괜히 울컥해진다. 그래서였을까. 마음과는 다르게 모난 말이 튀어나간다. 왜 살렸냐며 화를 냈다. 당황한 얼굴로 입을 딱 벌린 원주를 보자 묘한 쾌감이 생긴다. 그러면서도 아차, 하고 후회가 몰려온다. 당황에서 황당으로, 황당에서 다시 분노로 바뀐 표정으로 원주가 정말로 화를 내기 시작했다. 의사가 달려와 절대적인 안정을 취해야 한다며 극구 말렸으나 정말로 화가 나버린 그녀를 말릴 수 있는 사람은 아무도 없었다. 나도 힘들고 너도 힘들지만 그럼에도 살아보자는, 내가 아름이에게 했던 말들을 듣는다. 그리고 깨닫는다. 그 말을 듣고 싶어서 원주에게 적반하장으로 굴었구나. 사실 살고 싶었구나. 깨닫자마자 나도 모르게 눈물이 주륵, 흘렀다. 눈을 감고 팔짱까지 낀 채 나를 혼내던 원주가 대답을 듣기 위해 눈을 떴을 때, 나는 엉엉 울고 있었다. 꾹꾹 눌러 담았던 감정이 한 번 터지니 주체가 되지 않았다. 간호사들과 의사들, 그리고 조금 진정된 환자들까지 나를 쳐다보고 있었다. 예전 같았다면 눈치를 보느라 소리 죽여 울었을 텐데, 지금은 그런 것까지 신경 쓰고 싶지 않았다. 엉거주춤 선 채 안절부절 못하던 원주가 펑펑 우는 내 옆에 털썩 앉아 등을 가만가만 쓸었다. 실컷 울어버리고 나니 오히려 이성이 돌아왔다. 원주에게 미안하다는 말부터 하자, 엄마처럼 내게 꿀밤을 먹인다. 왜 속을 그렇게 썩이냐는 말에 풀이 죽어 자신도 없고 확신도 없다고 대답한다. 지금 죽지 않으면 내일 죽을 거고, 내일 죽지 않아도 언젠가는 죽을 텐데 도대체 어떻게, 어떤 마음으로 살아가야 하냐고. 그런 서글픈 소리를 했다. 고개를 숙인 채 도무지 기운을 내지 않는 나를 위해 원주가 바닥에 쪼그려 앉아 나와 눈을 맞췄다. 그리고는 어떻게든, 무엇으로든, 도와주겠다 약속한다. 대신 너도 날 도와, 라는 말에 고개를 들어 원주를 본다. 문득 그녀가 몹시도 피로해 보인다는 것을 깨달았다. 그때에서야 비로소 내가 얼마나 이기적이었던 건지 알게 되었다. 상실을 겪은 것도, 앞으로 오래도록 고통스러울 시간도, 모두 같을 텐데 함께 헤쳐나가지는 못할망정 오히려 내가 원주를 더 나락으로 빠뜨리고 있었다. 미안했다. 꾸역꾸역 살아보겠다는 이를 두고 마치 나만이 불행한 것처럼, 내가 죽으면 되는 것처럼 굴었다. 그 이유가 죄책감이었든 절망감이었든 그것은 상관없었다. 홀연히 가버리는 아름이를 보고도 남은 사람에게 두고두고 미안할 짓을 하고 만 것이다. 그런데도. 이런 나를 어떻게 용서했을까. 수없이 살자고 말해주었는데도 죽으려는 나를 보며 얼마나 가슴이 답답했을까. 내가 계속해서 아름이를 향해 달려갔듯이 원주도 나를 향해 내내 달려오고 있었다. 같이 살아보자는 원주가 '사라지는 사람들'

이라는 것을 아냐고 묻는다. 잠시 머뭇거리다 안다고 답했다. 원주는 그곳에 가보자고 했다. 우리는 아픈 사람들이고, 뭐라도 해보자고. 우리는 우리 대로 살아보자고 한다. 이왕 죽어가는 중이라면 멋지게 죽어보지 않겠느냐고. 아주 작게 고개를 끄덕이자 원주가 드디어 마음이 놓인다는 듯 활짝 웃었다. 가슴 한구석이 시려온다. 예전의 아름이가 생각난 탓이다. 밤 산책을 하며 함께 먹었던 닭꼬치와, 살아갈 이유를 찾던 시간들까지.

"원주야, 나 닭꼬치 먹고 싶어."

큰 소리로 웃음을 터트린 원주가 알겠다며 쏜살같이 뛰어나간다. 바보. 병실은 외부음식 반입 금지인데. 다 알 것이다. 알고도 간 것이겠지. 원주와 피웠던 담배 한 개비의 온기가 맴돈다.

아름아. 나는 가끔 그런 생각을 해. 조금 어이가 없을지도 모르지만, 그래, 네가 다시 살아 돌아왔으면 좋겠다는 생각. 지금 내가 알고 있는 살아가는 기쁨을 알려주고 싶어. 그때의 내가 알고 있었다면 뭔가 달라졌을까. 너를 좀 더 잡아둘 수 있었을까. 아무튼 난 그래. 너에게 가게 되면 꼭 말해줄게. 내가 너의 몫까지 널 원망하라던 널 원망하면서 얼마나 열심히 살았는지. 얼마나 빛나게 살았는지. 나는 이제 너의 사진이 두렵지 않아. 나는 잘 지내. 원주 알지? 원주가 그렇게 날 들들 볶더라고. 그래서 사라지는 사람들인지 뭔지 하는 모임에 왔는데, 이게 또 생각보다 괜찮네. 이 사람들은 죄다 아파. 나보다 더 아픈지, 너보다 더 아픈지, 그런 건 잘 모르겠고, 엄청 따뜻해. 우린 한참이나 사라졌는데, 그래서 너는 아주 사라졌는데, 나는 이제 다시 써보려고 해. 우리의 사라지던 이야기를. 아주 뚜렷하게 남아 너를 자주 쓸게. 오래 기억할게. 내 삶의 목표를 이제야 정했어. 사라지는 이야기들을 다시 쓰면서 살려고. 그렇게 살아가 보려고. 그래서 우리의 이야기가, 어딘가의 또다른 우리가, 영원히 읽혔으면 좋겠어. 안녕, 또 편지할게.

유서를 쓰는 중입니다.

허영지

허영지

딸 하나 아들 하나 엄마입니다. 좋은 문장을 만나면 마음이 순해집니다. 하루에 한 문장은 고민해서 씁니다. 김연수 작가님의 〈시절 일기〉를 읽고 있습니다. '고작 100년만 지나도 오늘의 희로애락을 증언할 입술은 이 땅에 하나도 남지 않는다'라는 문장을 붙들고 이번 글을 열었습니다.

어려운 일을 만나면 티 안 나게 잘 피해 가는 걸 좋아합니다. 글 쓰는 걸 어려워합니다. 어렵지만 피하고 싶지 않았던 첫걸음을 걸었습니다.

안녕하세요, 허영지입니다.

[코로나 치료받다 뉴스 속보로 '아버지 사망' 소식을 안 아들]

검은 글자들이 빼곡하고 건조하게 나열되어 있었다. 물기가 빠진 글자들이었지만 내게는 축축하게 읽혔다. 음압 병동에서 코로나 치료를 받고 있던 아들은 '코로나 19' 사망자 기사를 보던 중, 먼저 확진을 받아 치료 중이던 아버지의 사망 소식을 알게 되었다. 아들은 비보를 접한 후 중환자실로 옮겨져 생사의 문턱을 넘나들었다. 뉴스 기사에는 아버지의 마지막을 곁에서 지키지 못한 아들의 슬픔을 '불효자라는 생각을 떨칠 수 없었다'라는 문장으로 함축해 놓았지만, 그 아프고 아팠을 마음이 하나하나 풀어져서 스몄다.

코로나가 우리의 일상을 뒤집어 놓았을 무렵, 여기저기서 쏟아져 나오는 사망 소식은 날카로운 통증이 되어 마음을 헤집어 놓았다. 코로나는 얼마나 서로가 연결되어있는지를 가르쳐 주었다. 누군가의 사망 소식은 내게도 죽음이라는 단어의 깊이를 실감하게 했다.

죽음이 삶과 맞닿아 있는 것을 알면서도 마치 모르는 것처럼 매일을 사는 용기는 어디서 나오는 걸까. 죽음의 순간을 누가 예측할 수 있을까. 문득 오늘을, 당연한 내일을 장담하고 있는 스스로가 어리석고 낯설게 느껴졌다.

천천히 뉴스를 다시 읽었다. 그러자 30년 전 할아버지가 하늘길에 오르셨던 시간이 눈앞에 펼쳐졌다.

우리 집에는 할아버지, 할머니, 막내 삼촌, 아빠, 엄마, 남동생 그리고 내가 있었다. 그야말로 대가족이었다.

할아버지는 정사각형 같은 사람이었다. 술과 담배는 전혀 못 했고, 규칙적인 식생활은 물론 운동도 열심히 했다. 일주일에 두 번은 별다른 증상이 없어도 침 치료와 부황 치료를 받았다. 식사는 꼭 집에서 했고, 잠도 어려움 없이 깊이 주무셨다. 암이 기웃거릴 틈이 없는 생활을 하고 있다고 생각했는데, 어느 날 거짓말처럼 혈액암 판정을 받았다. 그때 나는 초등학교 4학년이었고, 암이 얼마나 무섭고 슬픈 단어인지 모를 나이었다.

암이 가진 힘을 알아차리는 데에는 그리 오랜 시간이 걸리지 않았다. 집안 곳곳의 풍경이 순식간에 바뀌었다. 가장 신기했던 건 사사건건 잔소리가 많고 고함을 자주 치던 우리 집 대마왕이었던 아빠가 점점 말을 잃어갔다는 것이다. 나는 아빠의 목소리가 비어져 가는 고요한 집이 좋았다.

아빠는 칭찬에 박했고 비교에 후했다. 나는 어지간한 일은 알아서 잘하던 아이였는데도 아빠의 칭찬을 들은 기억이 없었다. 누구 집은 단칸방에 7명이 살면서도 애들이 하나같이 바르게 컸다더라, 학원 하나 안 다니고 교과서로만 공부해도 전교 1등을 한다더라, 말 안 들으면 호되게 맞아서 고쳐야 한다, 여자애는 조신해야 한다, 부모 없이 자라는 애들도 많은데 감사한 줄 알아라로 끝나는 화딱지 나는 소리들이 매일 귓전을 때렸다.

할머니 말에 의하면 자식 네 명 중에 아빠는 돌연변이라고 했다. 똥고집에 할아버지가 하지 말라는 일만 골라서 하고, 명석한 머리는 엉뚱한 곳에 쓰고, 동생들을 우루루 데리고 싸움은 오죽 하러 다녔는지 아냐며. 오데서 저런 게 나왔는지 모르겠다며 밤마다 전래동화 들려주듯 아빠의 무용담 같은 험담을 들려주었다.

엄마는 아빠와 달리 어떤 상황에서도 내 마음에 귀 기울여 주려 노력했다. 여기저기서 치이는 날이면 따로 방에 꼭 들어서는 내 얼굴을 동그랗게, 동그랗게 몇 번이나 쓰다듬어 주셨다. 엄마의 따스한 손길이 닿으면 뭉쳐 있던 마음이 후루루 풀어지곤 했다.

시동생에 시어른들까지 모시고 사느라 자기 목소리 한번 내는 게 어려웠던 엄마. 그때는 시집살이라는 단어가 어떤 의미와 행동을 수반하는지 알 수 없었다. 너네 엄마 정말 호되게 시집살이한다고, 너라도 잘하라고 하는 주변 사람들의 잦은 참견을 통해서 그게 엄마에게 힘든 일임을 짐작할 수 있었다. 나는 순번이 뒷전이 되곤 했지만 서운하지 않았다. 집안의 여러 대소사로 바쁜 와중에도 짬이 나는 대로 건네주던 엄마의 진한 진심을 신기하리만큼 오롯하게 받았다. 혼자서 발을 동당이며 동분서주하는 엄마에게 도움이 되고 싶었고, 남몰래 조용히 내쉬는 한숨 소리를 엿들을 때면 가슴께가 뻐근해졌다. 그랬다. 나는 우리 엄마 편이었다.

할아버지가 혈액암 판정을 받자마자 아빠는 병원부터 대체 의학까지 샅샅이 찾아다녔다. 그리고는 저녁마다 땀이 맺힌 이마와 함께 들어왔다. 할아버지를 어떻게든 살리겠다는 다짐이 입술을 통하지 않고서도 전해졌다. 집에서도 행여 중요한 연락을 놓칠까 전화기 앞에 붙어 앉아 있었다. 누가 이걸 먹고 좋아졌다더라, 효과 봤다더라 하는 걸 구해내느라 동에 번쩍 서에 번쩍 허길동이 되었다. 아빠의 빈자리가 길어지는 시간을 더욱 부지런히 메꾼 건 엄마였다. 당시 엄마는 나와 열 살 터울의 남동생을 임신 중이었다. 늦둥이를 가진 몸이 예전 같지 않았을 터, 밤잠을 설치기 일쑤였고 입덧이 심해 음식을 잘 먹지 못했다. 엄마의 몸은 변했지만 일은 변함이 없었다. 오히려 늘어갔다.

그러던 어느 날, 병원에서는 할아버지의 치료를 위해 더 이상 할 수 있는 게 없다는 말을 들었다. 아빠는 포기하지 않았다. 민간요법으로 암을 고친 숱한 사례들을 토해내며 할아버지를 살릴 수 있다고 했다. 그날부터 아빠의 하루는 더욱 촘촘하게 흘렀다. 혼자 48시간이 주어진 사람처럼 지냈다. 지성이면 감천이라 했던가. 지인의 도움으로 지리산에서 자연 요법으로 암을 고친 스님과 인연이 닿았다. 스님은 최근에도 혈액암 환자를 고치셨다고, 치료만 잘 따라오면 살릴 수 있다고 목에 힘을 주어 말했다. 절박한 상황 가운데 움켜쥘 무언가가 생긴 사람들의 행동은 빨랐다. 우리는 다음 날 바로 지리산을 찾았다.

지리산은 초록이 지천이었다. 여름이 분명하게 기척을 내고 있었다. 나뭇잎들이 초록 바다를 이루고 있었고 개울가의 물소리는 수시로 바람에 실려 왔다. 어떤 병도 나을 것만 같은 좋은 기운이 느껴지는 곳이었다. 나중까지도 산 좋고 물 좋은 곳이라 하면 지리산이 가장 먼저 떠오를 만큼, 그곳은 창조주의 솜씨가 백분 발휘된 곳이었다.

맏며느리로서의 당연한 책임이었을까. 산에서는 못 지내겠다는 할머니를 대신해서 배가 제법 나온 엄마가 할아버지의 전담 수발자로 뽑혔다. 청소와 빨래를 기본으로, 살구씨를 뜨겁게 볶아 천 위에 올리고 살짝만 식혀서 할아버지의 배와 등에 올리기, 손톱 발톱 깎아 드리기, 식구들 삼시세끼와 간식 챙기기, 스님이 부탁하시는 산초들 준비하기 등 아주 소소하고 소소하지 않은 많은 일들이 엄마의 몫이었다.

사실 집에 있을 때도 엄마의 바쁨이 덜했던 건 아니다. 아침 먹고 돌아서면 점심 걱정을, 점심 먹고 돌아서면 저녁 걱정을 했다. 대충 먹으면 되지 먹는 게 뭐가 그리 걱정일까 싶었는데, 엄마의 고민은 하루하루 성실하게 이어졌다. 같은 반찬을 두 때는 안 드시는 할머니와 암 환자이신 할아버지께 맞는 밥상을 따로 준비하느라 종일 서 있는 날도 여럿. 어려서 손에 물 한번 안 묻히고 살았다더니, 시집와서는 장금이 뺨치는 음식 솜씨를 자랑했다.

엄마는 말을 삼키는 날이 많았다. 내 앞에서는 더더욱 그랬다. 어떤 날은 영지야, 하고 내 이름만 부르시곤 아무런 말도 덧붙이지 않았다. 엄마의 눈은 가끔 부어있었고, 코끝이 빨갛기도 했다. 지리산에서의 밤이 쌓여갈수록 내 얼굴을 동그랗게 쓰다듬어 주던 손끝은 점점 까끌해져 갔다.

아빠는 할아버지와 모든 치료 과정을 함께 했다. 밥을 넘기기 어려워하면 넘길 수 있는 밥상으로 다시 준비시키고, 치료가 힘들어 누워만 계시려 하면 업거나 부축해서 어떻게든 나가서 걸음을 걷게 했다. 조금이라도 편히 걸으실 수 있도록 나무 지팡이를 손수 만들어 드리기도 했고, 세수를 시켜 드리며 평소엔 보지 못한 다정한 시선을 할아버지 곁에 오래도록 던져두곤 했다. 나에게도 밥은 잘 먹었냐, 잠은 잘 잤냐, 돌아다닐 때 다치지 않게 조심해라 등의 말을 이따금씩 건넸다. 이상했다. 어느 순간부터 아빠는 화를 내지도, 고함을 치지도, 알맹이 없는 잔소리도 하지 않았다. 지쳐있던 걸까, 약해진 걸까. 아니면 아빠 안에서 무언가가 누그러진 걸까. 물음표가 늘어가자 내 안에는 자꾸만 미움 앞에 서는 마음이 생겨났다.

우리 가족은 그렇게 멀디 먼 지리산을 옆 동네처럼 오가며 끈적한 여름과 칼 같은 겨울을 보냈다. 그 사이 할아버지가 기다리고 기다리던 손주를 만났고, 기적이 찾아왔다.

서울로 올라오자마자 검사를 받으러 병원에 갔다. 의사 선생님은 무슨 일이 있었던 거냐며 놀라움을 금치 못했다. 현대 의학으로는 설명할 수 없는 일이라며 이 정도로 암 수치가 잡힌 건 기적에 가까운 일이라고 했다. 아빠는 의사 선생님의 말투와 표정을 익살스럽게 따라하며 할아버지의 호전된 상태를 전했다. 전하는 목소리와 얼굴이 더없이 해맑았다. 할아버지는 아빠를 꼭 껴안았다. 아빠의 입술이 가늘게 떨렸다. 할아버지의 어깨도 떨렸다. 생소하고 뭉클한 광경이었다. 우리를 에워싸고 있던 무거운 먹구름이 저만치 멀어진 기분이 들었다. 가족들은 한시름을 놓았다.

크게 웃는 일이 없던 할아버지의 기쁨조 담당은 남동생이었다. 꿀이 떨어질 것 같이 남동생을 바라보며 혀 짧은 소리를 내는 날도 있고, 동요를 부르며 어설픈 율동을 하는 날도 있었다. 우리 할아버지가 맞나 싶었다. 남동생은 목직한 솜을 가득 채워 놓은 인형 같은 몸에, 빠르고 작은 숨소리, 초롱하게 빛나는 눈빛까지. 내가 봐도 예쁘고 귀여웠다. 그의 존재만으로 모두가 새힘으로 새날을 살았다. 모처럼 집안에 웃음꽃이 마음껏 피어났다.

기적과 절망의 거리는 생각보다 훨씬 가까웠다. 병원을 오가시는 일이 뜨엄뜨엄해지던 즈음이었다. 할아버지는 수혈을 받을 일이 생겼다. 그런데 그 후에 갑작스러운 상태 악화로 하루아침에 중환자실 신세를 지게 되었다. 동전의 양면을 뒤집듯, 너무 아무렇지 않게 일어난 일이었다. 수혈 탓인지, 암세포가 다시 힘을 얻었던 것인지, 진실은 알 수 없었다. 아빠는 수혈 탓이 분명하다고 했다. 누구든, 무엇이든 가족들에게는 원망을 쏟아낼 구멍이 필요했다. 할아버지는 중환자실에 들어간 후에 한 번도 의식을 찾지 못했다. 아무도 마지막이라고 생각하지 않았던 날, 하늘의 부르심을 받았다.

할아버지가 돌아가신 그날, 할머니와 나는 한방에서 자고 있었다. 어스름한 새벽빛이 커튼을 비집고 들어왔다. 전화벨이 울렸다. 전화를 받은 할머니는 "예? 예…… 예." 하고 끊었다. 같은 말의 높낮이가 달랐다. 같은 말의 숨과 숨 사이의 간격이 달랐다. 방 안을 메우고 있던 찬 공기 위로 할머니의 훌쩍이는 소리가 떠 있다가 사라지고를 반복했다. 가셨네, 결국 가셨어. 할머니가 혼잣말처럼 나지막이 읊조렸다. 나는 이불을 할머니 쪽으로 몰아드리고 몸을 돌려 누웠다. 아무리 눈을 감고 있어도 다시 잠들 수가 없었다. 도무지 실감이 나지 않는 죽음이라는 단어를 되새기며 할아버지와의 지난날들을 자세히 기억해 내려 애썼다. 숱하게 혼났던 기억들을 제치고 떠오른 건, 동네 치킨집에서 닭 다리를 사서 쥐여 주곤 내일 또 오자고 말하던 목소리, 눈빛, 잡았던 손의 온기였다. 어느 날엔 칸쵸를 어느 날엔 빼빼로를 사 와서는 무심하게 거실 식탁에 올려 두었던 기억도 뒤따랐다. 꼬리에 꼬리를 무는 기억들이 덧입혀지는 사이 어둠은 옅어졌다.

할아버지의 장례식장은 많은 목소리로 붐볐다. 어느 곳에선 언성이 높았다가, 사이사이 웃음도 끼어들었다가, 서로의 울음이 겹쳐졌다가 말랐다가. 그 와중에 짐승 같은 울음소리를 들었다. 태어나 처음 본 아빠의 눈물이었다. 미움인지 안타까움인지. 내 안에서 여러 감정으로 엉켜있던 마음이 눈으로 터져 나왔다. 영정 사진 속 할아버지와 눈이 마주쳤다. 할아버지는 이 사진이 영정 사진으로 쓰일 걸 알았을까. 가족들은 어떤 마음으로 저 사진을 골랐을까. 어떤 추억이 있었을까. 할아버지는 우리를 달래시는 듯했지만, 소용이 없었다. 아빠는 며칠을 어린아이가 목놓아 울 듯 엉엉 울기도 하다가, 뱃속 끝에 있는 무언가를 토해내듯 울부짖기도 하셨다. 가부장적이고 자기만 아는 고집불통인 아빠가 무너지는 모습을 보는 게 할아버지의 부재를 받아들이는 것보다 낯설고 힘들었다. 아빠를 미워한다고 생각했었는데. 아무도 모르게 아빠가 다시는 같은 울음을 쏟아내는 일이 없기를 간절히 신에게 빌었다.

장례가 끝나고도 가족들은 각자의 자리를 쉽게 찾지 못했다. 한 사람의 부재는 삶의 부분이 아니라 전체를 뒤흔들었다. 손때가 탄 책과 책장, 집에 돌아오면 입었던 옷, 식탁에서 늘 앉던 자리. 할아버지가 남기고 간 흔적들은 부재의 빈자리를 더욱 선명하게 드러냈다.

어수선하고 눅눅한 하루들이 이어지고 있을 때, 엄마는 묵묵하게 일상을 되찾으려 노력했다. 온 가족을 두루 챙겼고 누구보다 아빠를 살뜰하게 챙겼다. 할머니를 위한 대여섯 가지 반찬에 아빠가 좋아하는 반찬이 밥상마다 더해졌다. 대학생이었던 막내 삼촌을 위해서는 이른 길 나선다고 든든한 도시락을 만들거나, 넉넉잖아도 용돈을 따로 챙겨 주었다. 늦둥이 남동생은 되도록 내가 도맡았는데, 덕분에 우리 남매는 끈끈한 사이가 되었다. 집은 늘 깨끗했다. 오래 묵은 빨래들도 차곡차곡 말랐다. 어느 날엔 아빠가 웃었고, 그다음엔 할머니가 웃었다.

할아버지가 없는 첫 명절날, 엄마에게도 특별한 위로가 찾아왔다. 친척들이 모여 앉아 서로의 지난 수고를 위로하고, 할아버지의 발자취를 기억하고, 산 사람들의 삶을 응원하는 말이 오고 갔다. 그러다 고모가 엄마를 부르더니 모두가 듣는 앞에서 아빠가 돌아가시기 전에 언니에게 꼭 전하라는 말이 있었다고 운을 뗐다. 많이 미안하고 고마웠다고, 아픈 시아버지 대소변 받아내는 거 쉬운 일 아니라고, 아무도 안 하려고 하는 일을 느이 언니는 했다고. 느이 언니가 그런 사람이라고. 고모의 말이 끝나자 다들 고마운 마음을 한마디씩 거들었다. 누군가 알아주길 바라는 마음으로 한 일이 아니라도 누군가 알아주었을 때 밀려오는 마음이 있다. 엄마는 고개를 떨구고서 소리도 제대로 뱉어내지 못하고 끄억끄억 울었다.

할아버지의 죽음을 마주한 시간 속에서 아빠와 엄마를 어느 때보다 찬찬히 들여다보았다. 조용하고 약해 보이기만 했던 엄마가 실은 얼마나 단단한 사람인지 알았다. 함께 살면서 한 번도 느껴보지 못한 할아버지를 향한 아빠의 마음을 제대로 보았다. 할아버지가 누구보다 의지하고 사랑하던 자식이 돌연변이 아빠였다는 걸 알게 되었다. 부모와 자식이라는 이름표가 붙여지면, 서로에게 절대적인 믿음이 생길 수 있다는 걸 그때 어렴풋이 알았다. 수시로 높아지던 언성과 잔소리 사이에서는 읽히지 않던 사랑, 사랑이라는 단어가 또렷하게 쓰여 있었다.

나는 그때의 나만한 딸 하나, 딸보다 조금 어린 아들 하나를 가진 엄마가 되었다. 아이가 세상에 태어나자 나의 모든 것 앞에 아이가 있었다. 내가 표현을 하든 하지 않든 그 마음은 늘 분명했다. 사랑이라는 단어를 굳이 쓰지 않아도 우리의 관계는 사랑 안에 있지 않고서는 설명할 수 없었다. 내 밥은 안 먹어도 아이 밥은 챙겼다. 나는 안 씻어도 아이는 늘 뽀송뽀송하게 씻겼다. 출산보다 더 아프다는 젖몸살을 몇 번이나 겪으면서도 모유를 먹였다. 한 시간 반마다 젖을 물리며 밤새 씨름하면서도 아이가 태어나주어 고맙다는 마음이 흐려진 적이 없었다. 엄마가 처음이라 어설펐지만 매일 배워갔다. 나를 갈아 넣는 일이 낯설지도 억울하지도 않았다. 결혼 후에 가끔 내가 지워지는 날들이 있었는데, 아이가 태어나자 존재의 이유가 선명해졌다. 더욱 건강하게 올곧게, 아름다운 하루하루를 만들어가야 할 이유가 생기자 나는 단단해졌다. 양가 가족들을 두루 살피는 일도, 시끄러운 속을 혼자 눌러 담는 일도 응당 나의 몫으로 여겨졌다.

얼굴 살이 빠지고, 머리가 푸석해진 걸 느꼈을 무렵, 엄마는 나에게 엄마를 닮지 말라고 했다. 너도 위하며 살라고 했다. 너무 아프지 않게 살라고 했다. 잘 흘려보내야 잘 살 수 있다고. 제때 흐르지 못하고 가슴에 고이고 고인 것들의 무게를 버티며 살아온 엄마의 말에는 간절함이 흥건하게 묻어 있었다.

손녀가, 손주가 그렇게 이쁘다고 하시면서도 실은 마음속으로 내 걱정을 하고 있던 엄마. 어떤 부모가 자식이 힘든 길을 가는 걸 지켜보고 싶을까. 누구보다 잘 키우고 싶었겠지. 다른 자식들과 비교하고 또 비교하던 말 뒤에 숨은 마음은 욕심이 아니라 서툰 격려였음을 안다. 표현이 서툴고 상황이 어려웠던 우리 엄마 아빠 마음이 내 맘 같다는 걸 이제는 안다. 부모와 자식은 서로 부정하려 애써도 결코 부정할 수 없는 유일한 대상일 것이다. 닮고 싶지 않아도 서로의 안에는 서로가 있다. 고집불통의 아빠 모습도, 기꺼운 마음으로 자기를 희생했던 엄마의 모습도, 모두 내 안에 있었다.

멀리 날아간 기억의 새가 제자리로 돌아왔다. 삶의 어느 한 날엔 반드시 마주하게 될 마지막에 대하여 마음의 매무새를 가다듬어 본다. 죽는다는 건, 보고픈 이를 이 땅에서는 못 보게 되는 일, 남겨진 이들

을 걱정할 수 없는 일, 무엇으로도 되돌릴 수 없는 일이다. 마지막 순
간에서야 삶이 가진 의미를 깨닫고 후회하고 싶지 않다. 살아있다는
건 내가 바꾸고 싶은 것을 바꿀 기회가 있다는 것. 나는 찰나의 축복을
바라볼 줄 아는 사람이 되고 싶다. 당연한 듯 누리고 있는 것들이 실
은 가장 귀한 것들임을 아는 지혜로운 사람이고 싶다. 서성이고 흔들
리고 넘어지고 아프더라도 삶은 반짝이고 있는 것이라고, 그렇게 쓰고
싶다.

만일 내가 곧 죽는다면 다른 무엇보다 아이들과 소중하고 아름다운
이별을 할 수 있으면 좋겠다. 죽음 너머에 대한 이야기를 무겁지 않게
나누며, 커가며 배우기를 바랐던 지식과 지혜에 대해 말해줘야지. 밤
과 밤 사이에 아이들을 끼워두고, 남은 날들을 견디고도 남을 만큼 사
랑한다는 말을 해줘야지. 너와 내가 서로의 숨으로만 이야기했던 행
복한 아침들을 기억해 달라고도 해야겠다. 뜨겁게 반짝이는 여름날같
이, 볕의 기운이 오래도록 남아있는 여름날같이. 우리들의 마지막은
빈틈없는 초록을 닮았으면 하는 마음도 전해야지.

할아버지는 유서를 남기지 못했다. 갑작스러운 이별에 끝인사를 제
대로 나눌 수가 없었다. 남겨진 가족들은 할아버지와의 마지막 인사를
여러 장면을 스스로 기워가며 만들어야 했다. 아이들과 내가 그렇게
헤어질 수도 있다고 생각하니 눈 밑이 떨렸다. 그래, 생각만 할 게 아
니라 유서를 써야겠다. 예고되지 않은 나의 죽음을 만났을 때 아이들
이 무너지는 아픔으로 이별을 마주하지 않기를 바라는 마음으로. 아주
나답고, 따뜻하게 마지막 인사를 써 두고 싶어졌다. 잠시라도 삶에 더

욱 집중하며, 잊고 있던 고운 기억들을 찾아 눈앞에 펼쳐두고. 지금.

　연필 끝을 뾰족하게 깎고, 새노트를 꺼냈다.
　마음 밑바닥을 찬찬히 둘러보고 내가 가진 가장 예쁘고 귀한 말들을
챙겼다.
　맨 첫 줄에 아이들의 이름을 불러보았다.
　목에 갇힌 말들이 눈으로 떨어진다.
　곳곳에 떨궈진 물자국이 글씨를 지워버린다.
　글씨를 바로 쓰고 싶은데 연필이 자꾸만 기울어진다.

　쓰고, 또 쓰고, 덧쓰기를 해가며 유서를 쓰는 중이다.

엄마와 연등

고혜경

고혜경 누군가의 99.999% 이나 전혀 다른 주체이다. 100미터 달리기는 항상 전교 꼴찌였지만, 누구보다 열심히 달린다. 오늘을 살아 가지만, 어제를 기억하며, 내일을 향해 간다. 똑같게 생겼지만 내가 아닌 두 분께 감사와 사랑을 전합니다.

블로그: https://blog.naver.com/catty77

순식간에 일어난 일이었다. 콩알만한 귀걸이 한 짝이 손쓸 틈도 없이 물살에 휩쓸려 가 버렸다. 급히 물을 잠그고 샴푸 거품에 눈을 깜박거리며 배수구를 들춰보지만 귀걸이는 보이지 않았다. 그 작은 금덩어리는 하수구로 흘러가 여기저기 떠돌아다닐 것이다. 물은 순환한다지만, 물 따라 흘러간 귀걸이는 다시 돌아오지 않을 것이다. 귀에서 한 짝만 남은 귀걸이를 빼고 화장을 하며 혼잣말을 해본다. '진작에 귀걸이를 풀어놓을 걸…… 금값도 비싸다는데……' 나는 긴장하면 귀걸이를 만지작거리는 버릇이 있다. 여러 일이 겹칠 때면 귓불이 빨갛게 성이 나거나 귀걸이가 귓구멍에서 빠지곤 했다. 이번에도 그랬다. 새로 시작한 강의는 회원들의 평가가 온통 혹평이다. 담당자는 폐강 위기를 운운하며 회원관리에 신경 쓰라고 압박한다. 이제 막 시즌 마감한 또 다른 강의의 담당자는 다음 학기 강의안을 사흘 만에 달라고 떼를 쓰고 있다. 저녁에는 과외 수업이 있다. 회원들의 절반은 특목고 입시를 앞둔 중3들이다. 이번 시험이 사실상 성적을 올릴 수 있는 마지막 기회다. 다른 아이들보다 먼저 고등학교를 지원하고 성공과 실패가 결정

된다. 적어도 내가 가르치는 과목의 성적이 합격하지 못 하는 이유가
되면 안 된다. 시험 전 보충자료가 세 권째 진행중이다. 이 아이들의
입시결과가 신규회원 모집에 영향을 줄 것이다. 이번주만 지나면 이
모든 것들이 어떤 식으로든 마무리될 것이다. 오랜만에 분기 마감과
연휴가 겹치는 황금같은 주말이다. 며칠간은 이 모든 상황에서 벗어나
쉴 수 있다. 휴일 동안 소파 위 감자칩이 되리라, 광주리를 탈출한 낙
지처럼 거실 위를 기어 다닐 것이다. 난데없이 전화가 울린다. "엄마".
휴대폰 화면에 이름이 뜬다. 화장을 하다 말고 전화를 받는다. 탁자 거
울을 바라본다. '눈썹 없는 모나리자가 눈썹 하나는 챙겼군.'

　-사랑하는 딸!

　-네

　-나 다음주에 올라가려고. 아빠가 너한테 다녀오라고 그러시네. 필
요한 거 있어? 된장은 있니?

　-네

　-오늘 날씨가 좋아서 이불을 빨았는데……

　-엄마 저 지금 나가야 해요.

　-알았어. 좋은 하루 돼. 사랑한다 딸!

　-네

　엄마가 올라온다. 다음주 주말이다. 이번 학기 휴가는 물 건너 갔다.
아! 내 감자칩. 우선 일에 집중해야 한다. 오늘도 족히 네 시간은 달려
다녀야 한다. 항상 시간은 촉박하고, 여기저기 카메라들은 위반이라
는 이름으로 언제든지 편지를 보낼 것이다. 길눈을 밝혀줄 네비게이션

을 켠다. 나는 길눈이 어둡다. 그러다보니 네비게이션은 내게 어디를 가던지 빼 놓을 수 없는 길동무다. 1년 정도는 다녀본 길이려니 하면서 긴장을 풀면 안 된다. 네비게이션의 잔소리가 없으면 헤매기 일쑤이다. 한번은 1년여 다녀왔던 도심지 주택가 교차로에서 좌회전 차선변경을 놓치고 20분 이상 헤맨 적이 있다. 내 길눈 어두운 정도를 측정한다면 상위 5% 이내 1등급일 것이다. 낮에 다녔던 길을 밤에 헤매는 것은 기본이고, 같은 길도 상행선, 하행선 방향이 바뀌면 전혀 새로운 길로 느껴진다. 이런 내가 달려 다닐 수 있는 것은 21세기 과학기술의 발달 덕분이다. 과학기술을 운운하자니 SF 영화 한 장면이 생각난다. 주인공은 팔에 삽입된 전화기로 원하는 대상과 홀로그램으로 통화를 한다. 영화 속 주인공이 되어 전자지도를 내 머리 속에 삽입하는 상상을 해 본다. 생각과 뜻이 기기에 연동되어 바로 전화 통화하던 주인공처럼 내 뜻과 의지만으로 쉽게 길을 찾아갈 수 있다면 얼마나 편리할까? 네비게이션 없이 운전만 따지면 나는 꽤 잘 하는 편이다. 한 손에 쿠키를 들고 배를 채우며 다른 손으로 운전하는 건 다반사다. 앞만 쳐다보며 핸들로부터 직각 팔 모양을 유지하며 운전하던 때도 있었지만, 이젠 운전을 하며 다른 차들의 움직임을 여유롭게 지켜본다. 바쁜 길을 앞질러 가기 위해선 다른 차량의 움직임을 미리 읽어내야 한다. 길 위에서 행동은 말보다 강하다. 차들의 움직임과 바퀴의 방향으로 운전자의 생각들이 전해진다. 우회전을 할 것인지, 좌회전을 할 것인지 그들은 굳이 창문을 내리고 말하지 않는다. 깜박이를 켜기도 전에 그들의 바뀌는 차선을 밟는다. 무언가에 익숙해지면 굳이 말로 전

달되지 않아도 알게 되고 소리 없는 이야기를 나누게 되는 모양이다.

빵빵. 끼익.

분명히 파란색 직진 신호를 따라 진행하고 있었다. 15년 무사고 보험료 할인이 끝나는 순간이었다. 저속 충돌임에도 잠시 동안 놀란 마음에 정신을 차릴 수가 없었다. 차문을 여는 손가락이 파르르 떨린다. 상대 차량 운전자와 서로 가벼운 확인을 하고 여기저기 전화하느라 손가락이 바쁘다. 보험사와 통화하고 오늘 있을 모든 일정들을 1시간씩 늦춘다. 집중하자. 상대방 보험사보다 먼저 도착해서 블랙 박스를 살펴보던 보험사 직원은 상대방 비보호 좌회전 과실을 확언하지만, 자꾸만 정신이 산만해진다. 엄마가 온다고 하면 이런 식이다. 집중해야 할 일들을 놓치고 다른 해야 할 일들이 펼쳐진다. 모든 것을 다 잘 할 수는 없다. 일이 밀려 있을 때엔 냉장고는 텅텅 비어 있거나, 오래된 것들이 본래의 빛깔을 잃고 썩어간다. 침대 위엔 이불로 만들어진 동굴이 있고, 위에 먼지가 쌓인 청소기는 청소가 필요하다. 엄마가 오면 내버려두던 일상들이 다시 현실이 된다. 신경은 분산되고 일들이 꼬이기 시작한다. 상대방 보험사도 오래지 않아 도착하면서 상황은 바로 정리됐다. 다행히 오늘 운행 정도는 가능할 것 같다. 내일부터 공업사에 차 수리를 맡기고 손에 익지 않은 렌터카를 몰고 다녀야 한다. 보험사들간의 제안 내용을 기다리고 결정해야 한다. 앞으로 펼쳐질 이런저런 귀찮은 일들 생각에 눈이 쿡쿡 쑤신다. 사고 수습으로 30분 정도 늦었다. 갈 길을 서두른다. 또 전화가 온다. 이번엔 아빠다.

-오랜만이다

-네

-운전중이냐?

-블루투스예요. 말씀하세요.

-운전하면서 전화 통화하지 마라. 내, 끊으랴?

-괜찮아요. 막히는 구간이라 천천히 가고 있어요.

-다음 주에 엄마가 너한테 가고 싶어하네.

-네, 알아요.

-너희 엄마 때문에 못 살겠다. 무슨 바람인지 너한테 가고 싶다 더라.

-또 싸우셨어?

-싸운 건 아닌데, 그게 말이다. 어휴, 너희 엄마 벌써 쓰레기 버리고 들어온다. 늙으면 목소리만 점점 커지나 보다.

정체 구간을 벗어 나면서 아빠와의 통화를 끝낸다. 언제나 방문하실 일이 있으면 부모님은 서로를 핑계 댄다. 아빠는 엄마가 그렇게 하고 싶다는 구나, 엄마는 아빠가 그렇게 하라시네, 하는 식이다. 상황은 하나인데 시작방향이 다르다. 이제는 딸을 대하는 그들의 대화법에 적응할 만도 하건만, 여전히 진실의 방향이 읽혀지지 않는다. 진실은 무엇일까? 아빠가 엄마에게 다녀오라고 하신 걸까, 엄마가 아빠한테 갔다 오고 싶다고 하신 걸까? 별로 중요치 않은 일이 궁금해지면서 뒷목이 뻐근해진다. 핸들을 손에 쥔 채 목을 돌려 긴장을 풀어준다. 생각은 자꾸 엄마에게 향한다. 엄마는 항상 필요 없다 해도 이것 저것 무겁게 챙겨온다. 가끔 아이스크림을 사다 넣던 여유로운 냉동실은 뜯어 보기 전엔 알 수 없는 검은 비닐들로 채워진다. 혼자서는 미처 다 먹지도 못할 것들로 채워진 후 소화 불량에 걸린 트림 소리같은 냉각수 흘려 보내는 소리를 낼 것이다. 엄마는 도착하자마자 후다닥 이삿짐 같은 보따리를 풀고 나서는 반나절 정도 앓아 눕는다. 몇 년전 수술한 어깨 탓인지 자면서 끙끙 앓는 소리를 낸다. 난 배불러도 먹을 수 있는 척, 새벽에 잠이 들어 텁텁한 입맛에도 엄마가 차려준 아침밥을 전투적으로 먹어야 한다. 과식에 약한 나는 한 손으로 화장지를 챙기면서 볼따구니는 도토리를 쟁여 놓은 다람쥐의 볼처럼 끼니마다 볼록해질 것이다. 엄마는 도착한 이튿날부터는 창고부터 책장까지 손을 댄다. 평소에 하지 못할 것들을 치워준다는 명목으로 종횡무진 누비는 엄마의 극성을 견뎌내야 한다. 인고의 사리가 침대 밑 먼지만큼 쌓여갈 쯤 되면 엄마는 내려갈 것이다. 벌써부터 머리가 지끈거린다. '엄마를 집 밖으로 데리고 다녀야겠다.' 다이어리에 동그라미가 하나 덧붙여진다.

오늘 마지막 일과는 선배와의 약속이었다. 선배는 한 달 전 수술을 했다. 나는 코로나로 인해 병원에 찾아가지 못 해 미안했다. 선배는 잘못된 병문안 문화는 바꿔야 한다고 입바른 소리로 사과를 받아준다. 대화는 강물 같다. 강물은 다른 물줄기와의 만남을 거부하지 않고, 가뭄과 장마에는 속절없이 모습을 바꾸지만, 결국 제 길을 따라 흐른다. 선배와의 대화는 종횡무진 내용을 달리 하며 흐르고 흐른다. 그러니까 이런 식이다. 박쥐 이야기로 시작해서 스페인의 발코니 콘서트를 부러워하다가 세계기후 이야기로 흘러간다. 화상회의를 맨 처음 접했을 때 검은 장벽과도 같던 느낌을 고백하니, 선배는 화상 수업이 없었더라면 수술도 마음대로 못 할 뻔 했다고 한다. 코로나가 끝나지도 않았는데 전쟁을 일으킨 이들을 비난하면서 10년째 엘리베이터에서 만나도 인사 한번 나누지 않는 이웃의 흉을 본다.

-어디를 가나, 동물원이야. 우리가 굳이 동물원을 가지 않아도 세상살이 자체가 동물의 왕국이지. 어디에나 꼭 사자도 있고, 기회만 노리면서 편한 길만 택하는 하이에나도 있고, 검은지 흰지 속내를 알 수 없는 얼룩말도 있고, 숨어서 독기를 품고 있는 뱀들도 있기 마련이야.

해물파전을 배달시키며, 오를 게 뻔한 물가 걱정을 나눈다. 걱정 거리는 많은데 대화는 웃음 속에서 계속된다.

-걱정해서 걱정이 덜어지면 그건 걱정이 아니지. 정답은 없지만 항상 나아갈 방향을 잡아 가는 거야.

-엄마가 온다는데, 어떻게 시간을 보내야 할까요? 최대한 집 밖으로 놀러 다니려고요.

-요즘 궁궐 야간 개장 시기이지 않나? 한 20년 됐나? 예전에 갔는데 예쁘더라.

정신 없이 일주일은 빨리도 지나간다. 다행히 폐강되는 수업들 없이 정상 진행 중이다. 어느 회원은 수업 개강을 기다려 왔다는 문자까지 보내 주었다. 다음 학기를 준비하는 새로운 강의안은 사실 하루만에도 완성될 일이었다. 회원 아이들의 시험은 대체로 성공적이다. 세월이 수십년이 지나도 교육 시장은 여전히 백 점에 목을 메고 있다. 아이들의 시험 결과가 나올 때마다 엄마들이 보내주는 커피 쿠폰이 휴대폰에 도착한다. 쿠폰을 보내줄 때엔 그간 수고하셨다는 씁쓸한 경우도 있지만, 대체로 고맙다는 인사다. 커피 쿠폰을 모아 이번에는 무슨 아이템을 살까 하는 생각에 슬쩍 입꼬리가 올라간다. 목마르게 뛰어 다녔던 일주일의 끝이 풍성하다. 일주일 동안 두 번 정도의 통화가 더 있었다. 엄마는 궁궐 야간 개장을 예약했다는 말에 무척이나 좋아한다. 소녀처럼 돌고래 발성으로 환호하는 모습에 주춤해진다. 이렇게 좋아할 일이었나? 엄마는 본인은 경로 우대로 무료입장이 가능할 것이라며 표 한 장은 얼른 취소하라고 한다. 아차 싶다. 취소 수수료를 피할 순 없다. 아빠보다 7살 어린 엄마도 이젠 어지간하면 무료로 세상을 누릴 수 있다. 엄마는 수 년전 아빠와 궁궐을 구경했다고 했다. 그땐 조금 서늘했는데 이번엔 어떨지 모르겠다고 벌써부터 옷차림 고민이다. 2년 전엔가 친구의 생일을 기념해서 같이 가 본 적이 있다. 코로나 시대 입장객 수 제한에도 불구하고 선착순에 성공했다. 창경궁인지 창덕궁인지 우린 19살, 처음 만난 때처럼 팔짱을 끼고 궁궐을 구경했다. 친구와 갔을 때도 내가 예약했는데 이번 예약과는 뭔가 다르다. 예약 사이트도 똑같은 것 같은데 뭐가 다른지 도통 모르겠다.

엄마는 내 일정에 맞춰 올라오느라 새벽부터 집을 나선다. 4시간 가량 고속버스를 타고 온다. 중간 휴게소에서도 버스를 찾지 못할까 봐 내리지 않고 줄달아 올라온다. 나는 버스 도착 20분 전부터 터미널에서 엄마를 기다린다. 도착 예정 시간에 딱 맞춰 버스가 들어온다. 운전석 바로 뒷자리에 익숙한 모습이 보인다. 도착한 버스에서 짐 가방을 꺼낸다. 뉴스에서 나오는 범죄에 쓰이는 여행가방이 이런 크기에 이런

무게겠구나 싶다. 바퀴가 깨질 것 같은 가방의 무게를 힘껏 당기며 주
차장까지 끌고 온다. 아빠는 엄마의 응원과 협박에 못 이기고 집에서
버스터미널까지 이 짐을 옮겼을 것이다. '에구, 할망구, 욕심은……'
엄마 몰래 슬쩍 눈을 흘긴다. 가볍게 막국수를 먹고 집으로 향했다. 짐
을 풀수록 어떻게 해 먹어야 할 지 모를 것들이 봉지째 냉장고에 채워
진다. 플라스틱 통 하나 가득 채워지는 고추장을 보며 떡볶이를 생각
한다. 정리만 했는데도 또 저녁밥 먹을 시간이다. 오랜 시간 버스 속에
서 피곤할 만도 한데 엄마는 찬찬히 집을 스캔한다. 먼지 냄새를 맡은
사냥개의 모습이다.

　평소의 기준으로 보면 꽤 일찍 일어났는데도 거실의 모양이 바뀌
었다. 엄마는 벌써 빨래를 개고 거실을 닦아놨다. 난 잠자리가 바뀌거
나 내 집에 누가 오면 늦게까지 잠을 못 자거나 잠을 계속 설치곤 한
다. 어젯밤도 늦게까지 준비해 놔야 할 자료들이 있었고, 밤새 자다 깨
다를 반복하면서 비몽사몽간에 아침을 맞는다. 물 한 잔으로 잠을 떨
쳐 보고, 정리된 빨래들을 쓱 지나치면서 습관처럼 거실을 어슬렁거
린다. 그냥 좀 더 자도 될 것인데, 잠을 깨고 무언가를 해야 할 것만 같
다. 엄마는 그새 가볍게 코를 곤다. 궁궐은 5시 입장권이니 3시쯤 나
서면 충분할 것이다. 그 때까지 어떻게 버티지? 엄마를 모시고 다니려
면 몸의 에너지를 아껴야 한다. 엄마가 자고 있으니 운동복을 입고 밖
으로 나간다. 집 열쇠와 현관카드를 테이블에 올려 놓는다. 작은 천변
을 따라 산책로를 걷자니 라임 빛깔의 풀내음이 난다. 벗꽃들의 향연
이 끝나고 배 고플 땐 서글프고 배 부를 땐 재미있는 이름을 가진 이

팝 나무가 지나갔다. 아직은 여름이 오기 전인데 날씨는 짧은 봄을 걸어차고 여름의 열기를 나뭇가지 사이사이 이파리 하나 가득 불러들이는 느낌이다. 운동은 핑계고 자연의 냄새가 그리웠던 모양이다. 한 동네에서 오랫동안 살다 보면 익숙한 모르는 이웃들이 생기기 마련이다. 가벼운 눈인사로 서로의 안부를 나눈다. 다니는 거리 곳곳 가로수가 있고 꽃들이 피는데도 느끼지 못 했던 자연의 편안함이다. 어제의 세상과 오늘의 세상은 변함이 없는데 결국 세상의 중심은 내 마음에 있던 모양이다. 천천히 걷기도 하고 빨리 걷기도 하면서 1시간여 산책을 마무리하고 집에 들어온다.

-어디 나갔다 오니? 밥 먹고 나가지.

-산책하고 왔어요. 엄마도 나오지. 현관카드랑 놔뒀잖아.

-내 동네가 아니니 도통 나갈 수가 있어야지. 어려워.

매번 알려드려도 올라오면 도통 혼자선 밖에 나가질 않는다. 카드만 센서에 갖다 대면 되는데, 그게 뭐가 어렵다고…… 늦은 아침밥을 먹고 나니 엄마의 진두지휘가 시작된다.

-음식물 쓰레기 갖다 버리고 와. 쓰레기 분리수거가 오늘은 안 되는 거지? 거실은 한번 닦았어. 방들 좀 닦아라. 그 먼지 속에서 잠이 오니? 이불은 도대체 언제 빤 거니? 아직 시간 있으니까 해 좋고 바람 좋을을 때 빨아야겠다. 이불커버 뜯어서 솜은 빨아본 적 있니? 솜을 빨아야 하나? 한번 빨면 좋긴 한데 해가 아까워서라도 빨아봐야겠다. 로봇청소기는 있는데 청소기는 언제 돌린 거니? 그래도 냉장고는 비어졌네? 고맙다 얘. 너희 아빠랑 밭에서 파 뽑으려면 허리가 끊어져. 그

래도 이렇게 다 먹어주니 고맙네. 그런데, 베란다 청소는 이사 와서 한 적은 있니? 너희 아빠 보시면 두더지가 친구 한다고 하시겠다.

차라리 귀를 막는다. 가벼운 산책에 땀도 나지 않았거늘 샤워를 핑계로 슬쩍 자리를 피한다. '3시까지 뭘 하지?' 전화상으로는 평소 용케 피해왔던 잔소리에 배가 부르다. 자고 싶다. 거울을 보니 얼굴은 사람인데, 목 아래 낙지 다리를 하고 있다. 광주리를 탈출하다 다시 붙잡혀 양파망에 갇힌 낙지의 대가리 같기도 하고, 해적 영화에 나오던 유령선의 괴물선장 같기도 하다. 눈 밑에 마스카라처럼 번져 있는 다크 서클을 보니, 팬더인가 싶기도 하다. 선배가 말하던 동물원이 거울 속 내 안에 있다. 느긋하게 샤워를 마치고 나오니 어느새 세탁기는 한 번 끝나 건조대에 빨랫감들이 널렸고, 방 하나 가득 이불이 펼쳐 있다. 겉싸개가 벗겨진 속 이불이 누렇게 시간에 짓눌린 목화 속살을 드러낸다.

　-기어코 그걸 빨려고?

　-한번 빨아보지 뭐. 느낌이 완전 다르다니까. 너 비염도 아마 싹 나을걸?

　-시장에 약 장수 같으시네. 일단 한번 빨아봐.

　-그래, 약이 먹어봐야 효능을 아는 것처럼, 빨래도 빨아야 빨아도 되는지 안 되는 지 아는 거지 뭐.

　-세탁기 돌리다가 솜 다 망가질텐데.

　-그럼, 새 이불 하나 사지 뭐.

　-엄마가 사 줘야지. 엄마가 이불 망가뜨려 놓은 거니까.

이불을 어떻게 세탁기에 넣고 돌렸는지, 또 세탁기에서 어떻게 빼냈는지 기억이 나지 않는다. 무거워서 세탁기에서 빼내는 데에만 10분 넘게 걸렸던 것 같다. 몸은 다시 땀으로 뒤범벅이다. 엄마는 끙끙대며 이불을 널고 잠깐 눕는다며 방에 들어간다. 베란다엔 의자까지 동원돼서 널어놓은 빨래가 넓게 펼쳐진 꽃밭 같다. 조금만 있으면 점심 먹고 집을 나설 것이다. 즉, 조금만 더 있으면 이 소란에서 벗어날 수 있다.

엄마는 내가 운전하는 모습을 신기하게 쳐다본다. 아빠가 운전하는 옆 자리를 수십년 함께 하셨을 텐데, 나 같은 여성 운전자를 보면 항상 부러워한다. "너 참 운전 잘 한다." 본인이 해 보지 못 한 것에 대한 부러움이 목소리에 묻어난다. 엄마는 가끔 친구의 차를 타고 교외라도 나갔다 올 때엔 여지없이 전화를 걸어 넓두리와 왜 하는지 모를 변명을 늘어놓는다.

-내가 기계엔 영 아니잖니. 걸어서는 구로공단 뒷골목도 찾아 다니겠다마는 영 운전은 배울 용기가 안 나더라구. 너희 외숙들도 봐라. 운전할 수 있는 사람이 아무도 없잖니. 이건 핏줄이야. 피로회복 음료 하나 먹어도 취하는 거나, 외숙들 술 한잔 못 마시는 거나 똑같지 않겠니? 그 덕에 외숙모들이나 너희 아빠가 술 잘 먹는 사람들이 들어왔잖아. 엄마는 운전을 안 배운 게 아니라 못 배운 거란 말이지. 핏줄은 속일 수 없는 거니까. 물려받는 거잖아.

하려면 단 하나의 이유를 갖고, 하지 않으려면 백 가지의 변명을 찾는 것이라지만, 운전을 하지 못 하는 것도 조상 핑계가 되는 것일 줄은 생각하기 쉽지 않은 일이다.

　지하철역 근처 친구 집에 차를 주차하고 지하철 순례를 시작한다. 목표 지점은 덕수궁이다. 2호선을 타고 가다가 시청역에서 하차 700미터만 걸으면 된다. 지하철 방향을 틀리지만 않으면 큰 탈 없이 갈 수 있을 것이다. 지하철 노선표를 서너번 살펴보고 정착역 방향을 살펴본다. 2호선은 요일과 시간을 가리지 않고 사람들로 붐빈다. 오늘은 다행히 낯선 사람의 등에 코를 박고 서 있거나 손잡이를 잡지 못 해 밀려다니지 않아도 된다. 운 좋게도 탄 지 한 정거장쯤 가니 서 있던 자리에서 자리가 난다. 경로석에서 자리를 잡지 못 해 아쉬운 표정을 짓던 엄마는 다행이라는 표정을 지으며 냉큼 앉는다. 노인에게 자리를 양보하는 마음씨 착한 청년일까, 하며 슬쩍 봤지만, 그저 내릴 때가 되어 내릴 뿐이었다. 두 정거장쯤 가다 보니 엄마의 옆에 앉아 있던 이가 내린다. 시력 좋은 이가 후다닥 다가오지만 엄마는 단호한 손짓으로 빈자리에 손을 얹는다. "여기 앉아!" 두어 정거장쯤 꾸벅꾸벅 졸다가 별 내용 없는 문자를 읽다 보니 시청역에 도착한다. 예약했던 궁궐 프로그램의 문자가 왔다. 입장 전 덕수궁 돌담길을 걷는다. 세월 따라 흔적도 없이 변해 간다던 노래를 조그맣게 흥얼거린다. 엄마의 호들갑스러운 사진 세례가 시작되었다. 시작도 전에 사진이 열댓 장이다. 집에 가면 휴대폰 속 사진들부터 정리해야겠다. 입장을 위해 매표소로 간다. 직원은 덕수궁은 9시까지 관람 가능하며, 엄마는 무료입장이 가능하다고 설명해준다. 나는 선착순 인터넷 예매에 성공한 이의 모습으로 으레 문자를 직원에게 보여준다. "죄송하지만, 입장권을 따로 끊으셔야 합니다. 보여주신 내용은 아마도 사설 역사 해설가가 진행하는 프로그램 같습니다. 입장은 8시까지이며, 입장권은 천원입니다. 관람 후 궁궐을 나가시면 이 입장권으로 재입장은 불가하십니다." 문자를 다시 읽어본다. "역사탐방 프로그램에 신청해 주셔서 감사합니다. 궁궐 입구에서 모이며, 5시부터 안내가 시작됩니다." 아! 이전의 야간개장 예약과 다른 점을 이제야 알게 되었다. 나는 야간개장을 예약한 게 아니라, 궁궐 탐방 프로그램을 신청했던 것이다. 부모의 손을 잡고 헤드마이크를 낀 해설가의 뒤를 쫓는 아이들의 모습이 떠오른다. 아이들 사이 어색하게 따라다닐 머리가 하얀 할머니와 똑같이 생긴 젊은 여자의 모습이 눈에 선하다.

　-엄마, 이 예약이 아니었는가벼. 설명 들으면서 궁궐을 돌면 더 재밌을 것 같긴 한데.

　-됐어. 설명 안 들으면 어떠니? 우리끼리 만끽하고 즐기면 그만이야. 일단 들어가자. 궁궐 참 예쁘다. 아유. 저 꽃들 좀 봐라. 날씨도 딱 좋다.

　엄마는 벌써 입구를 지나 궁궐을 걷기 시작한다. 엄마는 꽃들만 보면 멈춰 선다. 나는 통화기능을 잊은 듯한 휴대폰을 들고 엄마를 찍기 바쁘다. 한 자리에서 오랜 세월을 버티고 있었을 나무들을 만져본다. 나무들은 사계절을 버텨낸다. 얼 것 같던 눈보라, 뜨거웠던 여름 햇살, 찢기는 태풍바람 한 줄기를 상처의 흉터처럼 껍질에 담고 있다. 사계절을 수 십번 수 백번 버티는 동안 상처는 갈라지고 다시 아물면서 단단한 껍질을 만든다. 껍질은 단단하지만, 쉽게 뜯기어 나간다. 겉껍질

속의 속살은 여린 빛깔을 갖고 있다. 나무 껍질을 만져보며 눈을 들어 나뭇잎을 바라본다. 일찍 찾아온 여름에 나뭇잎 사이로 보이는 햇살이 따갑다. 나뭇잎은 아직 여름에 익지 않은 라임색이다. 꽃샘추위에 움찔하면서도 여름 채비를 하고 있는 나무는 서로 다른 속도를 맞춰가고 있다. 고궁 구경에 맥이 빠져버린 나는 나무 아래 소박하게 있는 의자 위에 걸터앉는다. 나무 그늘은 서늘하다. 의자에서 일어나 슬그머니 안아보는 나무는 포근하고 든든하다. 꽤 멀리 궁궐 안쪽에서 엄마가 부른다. 휴대폰을 들고 걸음을 재촉한다. 덕수궁은 생각보다 아담하고 아기자기한 재미가 있다. 건물은 오래되었을 것이 분명함에도 문과 창이 반듯하게 그 선들을 정확히 지키며 빈틈없이 내부를 지키고 있다. 건물 사이 좁은 문들을 지나 작은 숲길이 걷고 나니 고궁의 특징인 목조건물과 다른 건물이 눈 앞에 나타난다. 우리나라의 대표 궁궐 내에 있으나 우리의 것이 아닌 것 같은 건물이 나타난다. 아니나 다를까 영국인이 설계를 했단다. 석조전은 내부로 들어가는 문들이 모두 굳게 닫혀 있었다. 관계자로 보이는 이에게 물어보니 내부관람 시간이 지났단다. 건물 근처 분수대 앞에는 해시계가 있다. 해시계를 배경으로 사진을 찍기 위해 모조품인지 진품인지에 대한 가벼운 추리를 주고받는다. 정답을 알아내지 못 한 채 해시계가 잘 나오도록 몸을 이 방향 저 방향으로 구부리며 사진을 찍는다. 궁궐은 그다지 크지 않아 구경도 오래지 않고 끝난다.

덕수궁 투어를 끝내니 해가 아직 눈 앞에 남아있다. 다음 일정을 정하지 않고 올라와서, 어찌해야 할 지 고민을 하다가 무작정 경복궁을

찾아 걸어 보기로 한다. 매표소에서 고민을 들어주던 직원은 경복궁
까지 걸어갈 수는 있겠지만 꽤 먼 길이라서 힘드시지 않겠냐며 엄마
를 슬쩍 쳐다본다. 엄마는 운동화를 신고 왔다며 골목대장 같은 웃음
을 짓는다. 지나가는 길 곳곳 전투 경찰들의 차가 여러 대 보인다. 무
슨 일이라도 있는 것일까, 오기 전에 뉴스를 들어 보지 않았다. 저만큼
머리에 빨간 띠를 두른 무리의 사람들이 횡단보도를 건넌다. 시위를
크게 하려나 보다. 경찰들이 그래서 차 안에서 대기 중인가? 어느 방
향으로 가야 할 지 모르겠어, 차 밖에 나와 쉬고 있는 전투 경찰 한 명
에게 물어본다. 그는 이곳 출신이 아닌, 지원 나온 인원이라 잘 모르겠
다고 했다. 다른 지역에서 지원까지 나오다니 뭔가 큰 게 있을 것이 분
명하다. 우린 경복궁을 향하고 있다. 스피커 앰프를 타고 찬송가가 군
가처럼 들린다. 플라스틱 의자에 이십여명의 사람들이 앉아 있다. 찬
양을 하는 건지, 시위를 하는 건지 모를 쉰 목소리가 찬송가 너머 앰프
밖으로 나온다. 그들의 주장은 내용을 알 수가 없다. 교회를 다니라는
건가, 그들의 행동을 봐선 아닐 것도 같다. 엄마의 발걸음은 가볍고 경
쾌하다. 교통표지만으로 경복궁을 찾아가기 어렵다. 휴대폰 지도 앱
은 운전하며 길 찾기에 최적으로 맞춰져 있다. 엄마와 나는 사람 사는
세상에 기대어 지나가는 이들에게 묻기로 했다. 주저 없는 걸음걸이로
앞을 향해가는 이에게 엄마가 먼저 다가간다. "경복궁! 경복궁!" 그이
는 아무 소리도 못 들은 척 본인 앞에 아무도 없었던 듯 지나친다. 내
옆을 지나가는 그이의 귓구멍에 까맣고 동그란 이어폰이 보인다. 그는
실제로 아무 소리도 못 들었다. 두어 걸음 나를 지나 앞서 걷다가 뒤를

돌아본다. 두어 블록쯤 북쪽으로 좀더 걷다 보니 사거리 건물 앞에 두 대의 오토바이가 나란히 서 있다. 치킨 배달을 기다리던 주말 저녁에 만났을 때보다 더 반갑다. 구세주를 만난 기분이다. 담배 연기에 멀찌 감치 서서 최대한 다소곳한 자세로 묻는다. 그들은 시간과 길에 대해 선 전문가들이다.

　-여기에서 경복궁을 어떻게 가야 하나요?

　-네? 경복궁요? 어. 걸어서 가시는 거죠? 어. 일단 이 길 끝까지 쭉 가시다가 어. 거기서 다시 물어보세요. 어. 지금 다 설명 드리기엔 좀. .

　내가 묻는 사이 엄마는 저만치 앞서 있다. '하여간 성질도 급하네.' 길의 끝에서 또다시 설명을 듣고 분명 설명대로 도착했다. 그런데 궁 궐은 보이지 않고 사람들은 너무 바쁘다. 횡단보도에서 도로 안쪽에서 보행을 돕는 경찰에게 손을 흔들어본다.

　-경복궁 어떻게 가야 하나요?

　-여기가 경복궁이예요.

　-여긴 광화문인데요.

　-네. 광화문이 경복궁이예요.

　부끄러워서 절대 누구에게도 말하지 않고 비밀 이야기로 묶어 놔야 겠다. 광화문을 들어서니 화려한 한복자락들이 바람에 흩날린다. 젊 음의 웃음소리가 바람에 실린다. 궁궐 야간개장은 현장발매가 불가능 하다. 원한다면 엄마 혼자서는 가능한 상황이다. 매표소 직원은 한복 대여점에서 한복 대여를 하면 무료로 입장할 수 있다 했다. 군룡포 한 복을 입은 청년에게 물어보니 한복 대여값이 만만찮다. 고민을 하고 있는 사이 엄마는 출입구 앞에서 자세를 취한다. 사진을 찍어드린다. 전화가 온다. 아빠다.

-애가 운전을 아주 잘 하네. 아주 편하게 와서 재미있게 구경하고 있어요. 창덕궁도 보고, 공연장 로비서 땀도 식히고 지금은 경복궁이 예요.

-잘 됐네. 인사동 가까우니 연등행사 구경하지 그래요? 코로나 때문에 계속 못 해 오다가 올해부터 연등행사를 재개한대요. 보고 와요.

휴대폰을 열고 인터넷 검색을 시작한다. 연등행사 즉 연등회는 기록상 신라시대부터 1,200년 가량 이어오고 있는 전통 종교 행사이다. 국가무형문화재이면서 유네스코 인류무형문화유산 중 하나이다. 연등회는 부처님의 탄신을 찬탄하고 기원을 담아 등을 밝히는 행사이다. 모든 사람들이 보다 나은 세상을 만들기 위해 지혜로운 삶을 추구하신 의미를 담아 등을 밝힌다. 부처님 오신 날의 전 주말에 연등회를 개최한다. 연등행렬은 동국대에서 모여 흥인지문에서 종로를 거쳐 조계사까지 약 2.9km의 거리를 여러 사찰과 종교단체 등에서 참여한 인원들이 줄지어 이동한다. 연등은 코끼리, 사천왕, 부처님은 물론이고, 라이언, 공작새, 거북선 등 그 종류와 가짓수가 다양하다. [참조: 연등회 - 나무위키]

-네 고모님도 거의 한 달여 절에 가서 연등 만드셨을 거다. 난 잘 모르겠다만, 연등들이 다 수작업이라고 하더구나.

농악대의 꽹과리와 화려한 불빛에 신이 난 엄마와 나는 놀이공원 퍼레이드를 보는 것처럼 박수를 치며 환호한다. 우리의 요란한 환호성에 작은 연등을 들고 지나가던 청년들은 쑥스러운 목례를 건넨다. 옆 쪽에서 연등행렬을 구경하던 어떤 이는 팔이 너무 나와 사진을 못 찍겠다며 내게 주의를 준다. 엄마는 어깨를 들썩이며 축제를 즐기고, 나는 연신 박수 치며 그들의 노고에 감사를 전한다. 차량통제로 마련된 특설무대에서 대형 스크린으로 행렬의 모습이 비쳐진다. 아나운서는 한껏 고조된 목소리로 지나가는 연등과 참여 단체들을 하나씩 소개한다. 연등 속 불빛은 은은하게 한지를 뚫고 나와 검은 아스팔트 도로 위를 빛내며 지나간다. 커다란 연등들은 바퀴가 달려 사람들이 각자 손잡이를 밀며 끌고 가는 형태이다. 연등을 미는 청년들의 눈에 피곤함이 묻어 있다. 그들은 사람들의 환호에 수줍은 미소를 보낸다. 연등행렬에 참여하는 인원은 족히 수 천명은 될 것 같다. 행렬의 선두에서 농악대와 취타대가 그 장엄한 전통의 소리를 선사한다. 누가 봐도 불교 관계자인 여러 모습의 스님들부터 여러 불교단체, 각 사찰의 이름을 내걸고 행렬에 참여한 이들, 길잡이와 흥을 담당한 사물놀이패, 아마도 선덕여왕 등 불교의 전성기를 이끌었던 왕과 왕비로 분한 사람들이 연등행렬을 가득 채운다. 휠체어를 타고 있는 이와 뒤에서 밀어주는 이들의 행렬도 있고, 홀로 목탁을 치며 불경을 마이크 없이 목소리만으로 외며 행진하는 스님도 보인다. 그 스님이 지나갈 때 엄마와 나는 그 분의 고행에 조용한 응원을 선택했다. 연등은 모두 같은 모양이 아니고, 참신한 아이디어의 연등 몇몇이 눈에 띈다. 스님들과 몇몇 기타리스트들이 탄 채로 연주하며 지나가는 이동식 음악 무대, 또는 음악공연장 같은 형태의 움직이는 대형 연등도 있다. 열정적으로 북을 치는 연등이 지나갈 땐 내 심장 소리인지, 북소리의 환청인지 모를 소리가 쿵쾅거린다. 한참 보고 있다보니 내 다리 앞에 어린 아이가 제법 묵직해 보이는 가방을 메고 행렬을 구경한다. 엄마와 나는 통제선 바로 앞줄에 서 있던지라 아마도 뒤쪽에서 보다가 안 보여서 우리 앞쪽으로 나온 모양이다. 슬쩍 걱정이 돼 뒤를 돌아보니 아주 어린 동생을 아기띠로 안고 조금 어린 동생을 한 손에 잡고 있는 젊은 아빠의 모습이 보인다. 나는 큰아들은 앞에 있다고 눈을 마주쳐 알려준다. 사천왕과 거북선의 등장에도 조용히 지켜보던 아이는 용이 지나가자 어린 아이의 모습으로 두 팔을 높이 치켜든다. 짊어지고 있는 가방이 무거운지 금새 팔을 내린다. 나는 슬쩍 가방을 들어준다. 생각보다 너무 묵직한 무게에 아빠를 쳐다보며 가방만 내려 구경하는 동안 대신 맡아줘도 되겠는지 물어본다. 아빠도 아이도 대답이 없다. 별 수 없이 아이의 어깨에 놓인 가방을 슬쩍 들어 준다. 아이의 팔은 용을 향해 더 힘껏 펼쳐지고 아빠를 가끔 뒤돌아보며 용의 입에 있는 여의주를 가리킨다. 불과 연무, 소리까지 동반한 용머리 연등이 지나가고, 선녀님들을 태운 깊은 산속 옹달샘 연등이 그 길을 밝힌다. 아이는 두 팔 벌려 세상을 모두 품고 있는 그 작은 가슴 한가득 연등행렬을 담고 있을 것이다. 반짝이는 두 눈 가득 연등 불빛보다 밝은 빛이 담길 것이다. 행진은 약 2시간여 진행되었다.

환호와 설레었던 순간들을 간직한 채 행렬은 끝나고 사람들은 하나둘씩 제 갈 길을 찾아 자리를 벗어나기 시작했다. 엄마와 나는 지하철역을 찾아 나선다. 도로는 아직 여전히 차량 통제 중이고 행사가 끝난

이후의 어수선함과 참여자들의 서로를 향한 격려, 아쉬움과 개운함이 공존하고 있다. 행렬의 경로에서 살짝 벗어난 곳에서 길라잡이에 참여했던 사물놀이패가 기념사진을 찍고 있다. 엄마는 사진을 같이 찍어줄 수 있는지 묻는다. 상쇠로 보이는 분이 팀원들과 몇 초간 이야기하다 흔쾌히 곁을 내 주고 나는 사진을 찍어 주기 위해 앞으로 나선다. 낯선 이가 부탁하는 사진 몇 장을 위해 피곤함과 온전히 즐기고 싶었을 끝의 귀퉁이를 흔쾌히 나눠준 마음 씀씀이 고맙다. 사진을 다 찍고 인사를 나누고 잠깐 주춤한 사이 엄마는 또 저만치 앞장서 걷는다. 엄마의 허리가 꼿꼿하다. 교통 통제된 텅 빈 도로 위로 구급차 한 대가 급히 지나간다. 여전히 곳곳에 대기하던 경찰들의 무전기에서 무언가 서로 주고받는 소리가 난다. 수 십년 전 6학년 졸업식 때 구급차에 실려 긴급수술을 하러 가시던 때가 떠오른다. 엄마는 구급차에 실려 가기 5년쯤 전에 다락방에서 떨어졌다. 나의 기억은 그 때 엄마에게 인형을 꺼내 달라고 떼를 써서 엄마가 다락방에 들어갔다고 이야기하고, 엄마의 기억은 다락방 계단에 서서 대추를 꺼내 씹어 먹은 게 잘못이었다고 말한다. 졸업식은 추웠고, 명절에나 뵙는 큰아버지가 와 계셨고, 서울에서 외숙 내외가 내려와 졸업을 축하해 주셨다. 나는 요즘 초등 졸업식에도 이렇게까지 우는 아이가 있냐는 소리를 들으며 친구 하나하나 일일이 사진을 찍어대며 울고 또 울었다. 탈도 많고 소란스런 어린 사춘기를 보내며 엄마를 많이 울렸던 6학년의 겨울이 구급차의 사이렌 소리에 묻혀 끝났다. 그 이후 엄마의 허리엔 커다란 수술 자국이 남았다. 엄마와 같이 목욕을 갈 때마다 엄마는 등을 내밀었고, 나는 공설

운동장 잔디 깎는 건 쉽지 않다며 엄마의 너른 등을 툴툴대며 쓱쓱 문질렀다. 엄마의 허리에 수술 자국이 남겨진 이후로는 사춘기를 핑계로 나는 더 이상 엄마와 목욕탕에 가지 않았다. 운동화를 신고 씩씩하게 앞장서 걷는 엄마의 등을 보니, 예전보다는 좀더 쉽게 문지를 수 있을 것 같긴 하다. 먹고 싶은 거 있느냐는 엄마의 말에 맛있는 커피 한 잔이 간절하다고 했다. 작고 아담한 커피숍에는 뜻밖에 무인 주문 자판기가 설치되어 있었다. 작은 커피숍에는 궁전에서 뜯어왔을 법한 화려한 샹들리에가 내부를 환히 밝히고 있다. 주인은 저녁 식사를 하느라고 늦었다고 미안해하며 아메리카노 주문을 핸드 드립으로 바꿔 대접해준다. 멋진 중절모를 쓴 초로의 주인은 커피 이야기를 들려주고 상가 운영의 어려움을 토로한다. 엄마와 나는 귀 기울여 들어준다.

대학 입학부터 집에서 나와 지내온 나를 아는 엄마의 이웃은 많지 않다. 강북에서 지내던 나는 지하철 1호선을 자주 탔다. 어느 날엔가 엄마가 그 전 주말의 내 이동 경로를 알고 있었다. 엄마는 지하철에서 엄마의 이웃 한 명이 나를 봤다고 했다. 아는 얼굴 한 명도 못 봤다고 봤으면 인사할 걸 그랬다는 내게 엄마는 나는 그 이웃을 모를 거라 했다. 나를 전혀 알지 못 하는 이가 엄마에게 당신 딸 언제 어디 가더라고 얘기를 한 것이다. 한동안 엄마는 "그렇게 똑같을까?" 하는 말을 입버릇처럼 달고 지냈다.

엄마는 저만치 지하철 역으로 걸어간다. 엄마의 운동화는 노란색과 초록색이다. 엄마의 나들이 옷 색깔은 꽃 시장의 꽃들도 더 화려하진 못 할 만큼 알록달록 원색적이다. 나는 흰 티셔츠에 검은색 운동화를

신고 왔다. 나는 느슨해진 걸음을 옮기며 서늘한 밤공기를 들이 마신
다. 열정의 축제가 끝난 후 수고한 이들의 땀냄새가 바람에 실려온다.
십여 미터 앞서 있는 엄마를 달음박질쳐 잡는다.

　-엄마, 우리 여기서 길 건너야 해. 같이 가.

　- 끝 -

애매한 왕따

송수윤

송수윤   조금의 사실과 조금의 환상을 섞어서 글 쓰는 것을 좋아한다. 같은 책을 세 번 이상 보는 취미가 있다. 돈이 많다면 서점을 차려 항상 책 옆에 있고 싶은 책 순이다. 과거 학창 시절 왕따 아이로 돌아가 그 시절과 작별하려 글을 썼다.

이메일: tndbs222@naver.com

　운동장 돌 틈 사이 고개를 빼꼼 내밀은 작은 민들레꽃, 등굣길이 바쁜 학생들의 발걸음에 무참히 짓밟혀버리고 만다. 짓밟힌 꽃의 존재도 모를 만큼 학생들은 바삐 걸음을 옮겼다. 꽃을 가만히 바라보다 지각할세라 나도 서둘러 발걸음을 재촉했다. 그때, 뒤에서 붙잡는 단짝 친구 아름이의 커다란 목소리에 걸음을 멈췄다.

　"이한나, 같이 가! 얘들 분위기가 심상치 않아 무슨 일 있어?"

　걱정스러운 아름이와 달리 난 고개를 저으며 교실로 향했다.

　"별일도 아닌 것 같은데 괜히 시비 걸더라고. 가봐야 알 것 같아."

　한숨 섞인 내 말에 아름인 고개를 끄덕이다가 먼저 교실로 들어갔다. 연이어 교실 앞을 도착한 나는 문을 조심스레 열었다. 드르륵 문이 열리는 소리와 함께 가슴이 떨렸다. 평소와 다르게 냉랭한 반 분위기와 친구들의 따가운 눈초리에 죄인이 된 듯 나도 모르게 고개를 푹 숙여버렸다.

　자리에 짐을 두고 항상 어울리던 무리 친구들에게 다가갔다. 조금의 용기가 필요했다. 평소와 달리 반 분위기가 차가웠고, 그 이유가 어째서인지 나 때문인 것 같은 이상한 기분이 들었기 때문이다. 역시 불길한 예감은 늘 들어맞았다. 거리가 가까워지자 순식간에 자신들 근처에 온 나를 벌레라도 본 것처럼 떠들어대기 시작했다.

"이한나, 쟤 박수아 보고 더럽다고 했잖아."

"그러니까 친구한테 더럽다고 어휴, 아니 그리고 쟤 무서운 선배 뒷담도 하고 다녔대. 그 언니 오늘 아침부터 이한나 막 찾아다니던데 괜히 우리까지 불똥 튀는 거 아니야? 진짜 한 대 얻어맞을 분위기던데."

무언가 내가 범죄라도 저지른 듯 그들의 시선은 나를 경멸스럽게 바라봤다. 쉴 새 없이 몰아치는 날 선 말 들에 시야가 뿌옇게 차올랐다. 혹여나 눈물이 쏟아질까, 괜히 먹이를 던져주어 나를, 더 몰아세우지 않을까? 떨리는 몸을 들키지 않으려 주먹을 꽉 쥐었다. 금방이라도 떨어질 듯 위태롭게 매달린 눈물을 숨기고자 재빠르게 자리로 돌아갔다. 이내 책상에 머리를 파묻고 눈을 감았다.

주말이었던 이틀 전, 수아는 평소와 다르게 주말인데 같이 노래방을 가자며 먼저 연락이 왔다. 시험이 얼마 남지 않아서 끝나고 놀자는 내 제안에 싫다며 징징댔다. 결국 그녀의 노골적인 부탁에 무거운 몸을 이끌고 집을 나섰다. 약속 장소에 도착하니 샛노란 원피스를 차려입은 수아가 보였다. 수아는 나를 반기며 팔짱을 끼고 어디 노래방을 갈지 정하자며 한껏 들떠있었다. 항상 친구들과 함께 가까이 지내지만 뭔가 애매한 벽이 느껴지는 수아와 단, 둘의 약속은 조금 부담스럽기

도 했다. 하지만 이번 기회에 조금 더 친하게 지낼 수도 있겠다는 기대
감에 그리 기분이 나쁘진 않았다. 잠시 후, 시내 역 근처 노래방에 도
착했다. 가게 안은 아직 낮이어서 그런지 이제 막 오픈한 분위기였다.
사장님과 오랜만이라며 반갑게 인사를 나누고 노래방안을 들어섰다.
시험 스트레스에 집이 아닌 바깥 공기는 나에게 흥미를 북돋아 주기에
충분했다. 시간 가는 줄 모르고 가수처럼 열창해대니 목이 조금 칼칼
한 게 느껴졌다. 이대로 더 놀다가는 둘 다 목이 쉴 것 같아서 노래방
을 서둘러 빠져나왔다. 갈증을 잠재우고 싶은 와중에, 눈앞에 보이는
작은 카페가 나를 불렀다. 수아와 자연스럽게 카페로 발걸음을 옮긴
후, 시원한 음료를 주문했다. 주문을 마치고 뒤돌아서자 시야에서 사
라진 수아를 찾으려 고개를 두리번거렸다. 그리곤 저 멀리 카페 중앙
에 놓인 소파에 샛노란 원피스를 입은 수아가 보였다. 사람들이 한창
많은 시간에 하필 대짜로 누워있는 수아를 보니 한숨이 푹 나왔다. 다
른 사람들의 눈초리에도 아랑곳하지 않고 누워서 휴대전화에 몰두하
고 있는 그녀를 보니 머리가 지끈거렸다. 앉아있자는 내 부탁에도 들
은 척도 하지 않는 수아를 보니 기분이 조금 상했다. 잠시 후, 주문한
음료를 받아서 들고, 재빨리 누워있는 수아에게 나가자며 손을 끌었
다. 그러나 수아는 싫다며 어린아이처럼 내 손을 잽싸게 뿌리쳤다. 갑
작스레 뿌리친 힘에 못 이겨 들고 있던 음료와 함께 뒤로 벌러덩 자빠
져 버렸다. 우당탕 컵이 요란스럽게 떨어지자 카페 안 모든 사람의 시
선이 나에게 집중되었다. 창피한 마음에 얼굴이 홍시처럼 붉게 달아올
랐다. 차가운 촉감에 옷을 보자 주스와 커피에 물들어버린 셔츠는 살

로 배어들어 기분 나쁜 촉감을 일으켰다. 순식간에 머리끝까지 화가 난 나머지 나도 모르게 소리를 빽 질렀다.

"악 더러워. 뭐 하는 짓이야? 박수아!!"

기분 나쁜 감정을 소리쳤다. 물티슈로 아무리 닦아내도 옷에 묻은 역겨운 냄새는 사라지지 않았다. 그리고 그때까진 몰랐다. 무심코 내뱉어버린 이 한마디가 이렇게 큰 화를 가져올 거라곤 상상도 하지 못했다.

어렵게 집으로 돌아오고 서둘러 화장실로 뛰어갔다. 샤워를 끝내고 역겨운 냄새를 풍기는 옷을 갈아입으니 기분이 한결 나았다. 머리를 말리고 침대에 눕자마자 빗발치는 카톡 소리에 심기가 불편했다. 알림을 확인하자 매섭게 쏟아지는 카톡은 나를 낭떠러지로 몰아세우기 충분했다. 단체 카톡에서 더럽냐부터 시작해 살이 붙더니 평소 나의 인격과 외모, 가족을 욕하기 시작했다. 그리고 다른 학교의 단체 카톡에 강제로 초대되어 얼굴도 이름도 하나 모르는 사람한테까지 내 욕을 서슴없이 내뱉고 있었다. 날카로운 욕은 칼이 되어 돌아와 내 마음을 갈기갈기 찢어가고 있었다. 상황을 설명해보려 노력해도 아무도 믿지도 믿으려고 하지도 않았다. 도리어 내용이 와전되어 이상한 소문으로 둔갑하고 그 소문들은 발이 달린 듯 일파만파 퍼져나갔다. 소문들을 잠재우고자 계속 해명하고, 애를 써도 다시 자라나는 잡초처럼 무성하게 돌아날 뿐이었다.

엎드려있는 시간이 얼마나 흘렀는지, 점심시간 종이 울렸다. 같이 먹으러 갈 사람은 당연히 없었다. 아침부터 온종일 엎드려있는 나를 보며 다른 반 친구들이 쟤 왜 저러냐며 박수아한테 물었다.

"이한나, 밥 먹을 사람 없어 완전 왕따 됐잖아."

키득키득 비웃음 섞인 그녀의 말에 몸이 떨려왔다. 그리고 알아챘다. 이 상황의 주동자가 악마처럼 웃음 짓고 있는 박수아 라는 것을. 그때, 누군가 내 어깨를 만졌다.

"밥 먹자 이한나!"

단짝 친구인 아름이었다.

"아니, 난 안 먹을래."

아름이의 고마운 인사도 지금은 두려웠다. 식당에 가면 날 바라볼 그 매서운 눈빛들을 도저히 견딜 수 없을 것 같았다.

"어허 얘가 왜 이래? 네가 뭐 잘못한 거 있다고 이러고 있어? 빨리 일어나."

억지로 끄는 아름이의 손에 이끌려 식당에 들어서자 예상대로 사람들은 수군수군 대기 시작했다. 모두 나를 조롱하는 걸까? 많은 생각이 오가는 틈에, 아무것도 신경 쓰지 않는 듯 해맑게 이야기를 이어 나가고 있는 아름이 모습을 보며 반쯤 나가버린 정신을 차렸다. 아름이 말처럼 난 아무것도 잘못하지 않았다. 죄인처럼 행동할 필요가 없다는 것을 깨닫고 직접 묻기로 다짐했다.

점심시간이 끝나기 전, 아름이가 반으로 돌아가자 묘한 긴장감이 감돌았다. 천천히 교실로 들어서자 친구들은 먹잇감을 발견한 듯 마구 마구 비웃어대기 시작했다. 주먹을 꽉 쥐고 박수아한테 다가갔다.

"내가 뭘 잘못했는데?"

내 목소리와 동시에 반 친구들의 눈초리가 나를 향하며 적막감이 흘렀다. 박수아는 눈썹을 꿈틀대며 나를 치켜보더니

"풋, 화났어?"

이내 비웃어 버렸다. 박수아가 웃자 다른 친구들도 따라 웃기 시작했고, 나를 비웃는 목소리는 더욱더 커져 나갔다. 욕이 목 끝까지 차올랐다. 손톱이 살갗을 파고들 정도로 주먹을 힘껏 꽉 쥐었다. 피가 새 나오는 것을 알아차리지도 못할 만큼. 그래도 견뎌 내야 했다. 똑같이 욕하며 저 인간들과 같은 인간이 되기 싫었다. 그리고 그런 모습이 저들이 원하는 것을 알기에 더 이를 악물고 분노를 삼켰다.

"너 일부로 그러지? 이렇게 사람 하나 바보 만드니까 네가 뭐라도 된 것 같지? 실컷 해 봐 너희들이 보낸 욕, 카톡 싹 다 긁어내서 모조리 신고해줄 테니까. 그리고 너랑 더 친해질 수 있을까 기대했던 내가 참 한심하다."

머리끝까지 차오른 분노를 애써 누르며 천천히 말을 끝내자 놀랍게도 반 친구들은 전부 입을 꾹 다물었다. 조금 후련해진 속을 가다듬고, 자리에 앉았다. 쉬는 시간이 되어도 더는 조롱의 말은 없었다.

마지막 수업 시간이 되자 조별 활동 수업이 시작됐다. 역시 나와 같이 할 사람은 아무도 없었다. 비난의 말이 멈춘 것이 어딘가 하는 마음

으로 나 자신을 위로했다. 하지만 시간이 가도 날이 가도 상황은 좀처럼 나아지지 않았다. 비난이 무관심으로 변해버렸고, 이젠 아무에게도 보이지 않는 투명 인간 되었기 때문이다. 어쩔 수 없이 나는 아름이 반에 자주 찾아갔고, 아름이 친구들과 조금씩 가까워졌다. 그러던 어느 날, 집에 도착하자 서울에 재학 중인 친언니가 날 반겼다. 언니를 보자마자 쏟아져 나오는 눈물은 서러움이었을까? 안도감이었을까? 서럽게 우는 나의 모습에 다급히 언니는 나를 달랬다. 처음 보는 나의 눈물에 언니는 걱정 반 화가 반 섞인 목소리로 무슨 일이냐 물었다.

"언니 나 학교가 너무 무서워⋯⋯."

떨리는 목소리로 힘겹게 한마디를 내뱉었다. 그러자 아무 말 없이 왈칵 나를 안아주는 언니의 온기에 서서히 마음이 진정되었다. 안정감을 되찾은 나는 천천히 주말부터 있었던 일을 풀어냈다. 언니는 내 이야기에 하나씩 공감해주며 나의 등을 토닥였다. 그렁그렁한 언니의 눈망울에 모든 위로가 담긴 듯 차가웠던 내 마음이 녹아내렸다. 기쁠 때나 힘들 때나 언제나 한결같이 내 옆에서 든든한 울타리가 되어주는 언니의 커다란 존재감이 느껴졌다. 처음으로 가족에게 속사정을 전하는 이 상황 하나만으로도 내게 아주 큰 위로가 돼 주었다.

다음날, 학교에 도착한 난 평소대로 자리에 앉았다. 아직도 반에서 투명 인간인 나를 누구도 봐주지 않았다. 사람은 적응의 동물이라고 들었다. 익숙할 때도 되었는데 전혀 그렇지 못했다. 눈을 꽉 감았다. 열려있던 창문 사이로 차가운 바람이 내 뺨을 스쳤다. 아무도 신경 써

주지 않지만 작은 관심이라도 바라는 듯한 어린아이가 된 기분이었다. 눈을 감고있어도, 나의 모든 신경은 전부 아이들의 목소리에 집중되어 있었다. 내 욕을 하고 있지 않을까 겁에 질려있는 영락없는 작은 아이였다. 문득, 겁이 났다. 이러다 나중에 정말 돌이킬 수 없이 사람들과 단절될 삶을 생각하니 숨이 턱 막혔다. 이 공간 안에서 날 갉아먹는 이 무시가 그만 멈추었으면 좋겠다고 생각했다. 딱, 한 번만 더 친구들에게 다가가면 혹시나 무언가 달라질 수 있을까? 그리고 다시 천천히 눈을 떴다. 시야에 박수아가 들어왔다. 또다시 박수아와 가까이 지내기에는 돌아올 수 없는 강을 건넜다. 그녀와 다시는 가까워지기 싫은 속마음이 스멀스멀 작은 불꽃으로 피어올랐다. 차라리 말도 자주 하지 않았던 친구들이 오히려 편견 없이 지낼 수 있겠다는 강한 확신이 들었다. 고개를 돌리자 다른 친구들과 시선이 부딪히고, 그들도 당황했는지 나를 힐끔거렸다. 모 아니면 도라는 생각에 과감히 그들에게 다가갔다.

친구들은 예상 밖 나의 행동에 놀란 기색이 역력해 보였다. 서로 눈치를 주고받으며 '어떡하냐?'는 말을 얼굴에 써놓은 사람처럼 그대로 드러나 있었다. 눈알만 동동 구르는 친구들의 조용한 적막감을 깨고자 용기를 냈다. 최대한 밝게 웃으며 더도 말고 덜도 말고 딱 너희와 잘 지내고 싶다는 한마디를 전했다. 어처구니없는 나의 말에 친구들은 어색하게 웃어 보일 뿐이었다. 당연히 친구들은 나를 챙겨주거나 먼저 말을 걸지는 않았다. 그렇다고 해서 나를 소외시키거나 밀어내지도 않았다. 그렇게 계속 시간이 지날수록 상황은 조금씩 나아졌다. 한 번에 친해질 수 없다는 것을 알기에 무진장 노력했다. 얘들이 부탁하지도 않은 간식을 사주고, 필요한 게 있으면 제일 먼저 달려가 도와주었다. 그렇게 며칠, 몇 주가 흘렀다. 친한 친구가 아직도 없다. 조금씩 지쳐가는 마음이 곧 있으면 꺼질 촛불처럼 위태롭게 흔들렸다.

머지않아 친구들은 먼저 나를 찾기 시작했다. 눈치 보며 친구들 뒤를 따르기 급급했던 지난 시간이 사라지고, 어딜 가도 빠지면 어색해질 만큼 친구들과의 거리는 급속도로 가까워졌다. 속앓이하며 홀로 한숨밖에 나오지 않던 상황이 180도 달라져 있었다. 학교생활이 일상적으로 되돌아오고, 조금 밝아진 마음 덕분에 상처가 잘 아물어 가고 있었다. 박수아는 그런 내가 못마땅했는지 반에서 시선이 닿을 때마다 노려보기 일쑤였다. 다행히 친구들은 그런 박수아를 개의치 않고, 오히려 그 상황에 도와주지 못해서 미안했다며 나를 다독였다. 갑작스러운 사과의 말에 기분이 이상했다. 주동자는 아니었으나 방관자였던 친구들과 좋은 관계로 발전했으니 말이다. 그때 친구들이 조금 더 관심을 가져줬더라면 하는 아쉬움이 남긴 했지만 지금 친구들이 곁에 있어주지 않았다면 난 꽤 많이 힘들었을 것을 알기에 미웠던 마음보다는 고마운 감정이 더 크게 다가왔다.

그러던 어느 날 아침, 평소와 달리 박수아 무리 분위기가 묘하게 달라졌다. 항상 우두머리처럼 센터에서 진두지휘했던 박수아가 평소와 달리 학교에 도착하자마자 책상에 엎드리곤 미세한 미동조차 없었기 때문이다. 반 아이들도 이상한 낌새를 눈치챘는지 수군수군 무슨 일인지 알아내기 바빴다. 그때, 박수아와 어울리던 강빛나가 콧노래를 흥얼거리며 신나게 교실 칠판 앞으로 다가갔다. 흥미로운 일을 본인만 알고 있는지 그녀의 표정은 얄밉기 짝이 없었다. 연신 흥얼대며 박수아를 한번 흘깃 바라보더니, 이내 듣고 온 소문을 열심히 퍼 나르기 시작했다.

"박수아, 얘 친구 화장품 훔쳐 가놓고 발뺌하다 걔가 화나서 결국 박수아 가방까지 뒤져서 찾았대. 완전 도둑년 아니야? 아니지 살 돈이 없어서 훔쳤으면 그냥 거지라고 해야 하나? 처음부터 사실대로 말했으면 이렇게 쪽팔리진 않겠다 그치? 수아야?"

빈정대는 강빛나의 목소리에 반 친구들은 하나둘씩 동조하기 시작했다. 책상에 엎드려 어깨를 들썩이는 박수아를 보며 저럴 줄 알았다며 하나가 시작하니 나비효과처럼 모두가 나서서 비난의 화살을 던져댔다. 울고 있는 박수아를 보니 꼴 좋다 기뻐할 줄 알았는데 생각보다 아무 느낌도 들지 않았다. 슬프지도, 또한 기쁘지도 않았다. 아무 말 없이 조용하게 책을 바라보고 있는 그 순간, 갑자기 강빛나가 나타났다. 그녀는 내 책상 위에 아무렇지 않게 툭 앉고서 얇은 손가락으로 울고 있는 박수아를 가리켰다. 그리곤 어떠냐며, 통쾌하지 않냐며 마녀처럼 낄낄 웃어댔다. 그녀의 저급한 말과 표정에 나도 모르게 인상이 살짝 굳어졌다. 박수아를 좋아하지는 않지만, 강빛나의 저급한 행동에 힘을 실을 생각은 단, 하나도 없었기 때문이다. 무덤덤한 나의 반응에 흥미를 잃은 듯 그녀는 인상을 찌푸리곤 자리로 돌아갔다. 친구들도 박수아 저렇게 될 줄 알았다며 나를 위로하려 했지만, 박수아 얘기는 듣고 싶지도, 하고 싶지도 않았던 탓에 그저 덤덤한 표정으로 대답을 대신했다.

곧이어 수업 시간이 시작됐다. 하지만 무슨 영문인지 알 수 없는 복잡한 기분에 작은 딜레마에 빠져버렸다. 지금 나의 행동이 방관자의 행동이지 않을까? 내면에서 선과 악이 마치 창과 방패처럼 싸우고 있었다. 딴생각에 몰두하다 보니 벌써 점심시간이 되고, 그 생각을 끝내게 해준 건 밥 먹으러 가자며 교실로 찾아온 아름이 덕분이었다. 밥을 먹고 조금 걷자는 아름이의 말에 흔쾌히 운동장으로 향했다. 천천히 운동장을 걷다 멈춰서서 아름이는 말을 꺼낼까 말까 고민하듯이 손가락을 만지작댔다. 어쩔 줄 몰라 하는 아름이의 모습에 괜찮다며 그녀의 눈을 바라보았다.

"한나야, 너 괜찮아? 신경 쓰이지? 박수아 때문에?"

갑작스러운 박수아 얘기에 정곡이 찔린 듯 정신이 번쩍 돌아왔다. 절대 아니라며 강하게 부정했지만, 아름이는 강한 부정은 강한 긍정이라며 살짝 웃어 보였다. 그리곤 토닥토닥 내 등을 천천히 쓰다듬었다. 신경 쓰이는 건 당연하다고 그렇다고 해서 나의 상처를 외면하면서까지 박수아를 도울 필요는 전혀 없다고 따뜻하게 내 마음을 감싸주었다. 아름이의 위로에 조금 편안해진 마음을 붙들고 교실로 돌아왔다. 그 자리 그대로 엎드려있는 박수아가 눈에 들어왔다. 그녀 옆의 강빛나 무리는 박수아와 함께였던 시간이 무색하게 원래 함께이지 않았던 사람처럼 그녀의 빈자리를 완벽히 없애가고 있었다. 그리고 상황은 무섭게 똑같이 반복되었다. 친구들의 계속된 폭언과 비난이 사그라들고 그 후, 시간이 지나도 투명 인간처럼 지내는 박수아를 어느 한 사람도 거들떠보지 않았다.

그렇게 몇 주, 몇 달이 흘렀다. 박수아는 나처럼 직접적으로 친구들한테 다가가진 않았다. 하지만 가끔 필요한 말이 생길 때면 앙칼진 고양이처럼 툭툭 내뱉었던 전과 다르게 온순해진 강아지처럼 그녀의 분위기는 사뭇 달라져 갔다. 처음에는 달라진 그녀의 분위기에 가면일까? 과연 오래갈까? 내심 생각했다. 그러나, 내 생각과 달리 그녀는 마치 다른 사람이 된 것처럼 다정하고 친절했다. 착해진 박수아의 모습에 왕따 돼서 그렇다. 원래 착했다는 둥 의견이 분분이 갈리긴 했으나 전체적으로 싫다는 말보다 좋다는 말이 더 크게 자리 잡고 있었다. 눈에 띄게 달라진 박수아의 모습에 친구들의 뇌리에서 점차 왕따는 안개처럼 희미해져 갔다. 오랜만에 평화로운 교실의 풍경을 마주하게 되니 드디어 학교가 제 본모습을 찾았다고 느껴졌다.

한가롭던 쉬는 시간이 끝나고 수업 시작종이 울렸다. 급히 제자리로 뛰어가는 친구들 사이로 둔탁하게 떨어지는 우유가 보였다.

"아 뭐야!"

우유가 옷에 튄 강빛나의 화난 목소리에 반의 이목이 쏠렸다.

"미안, 급히 가느라 내 체육복이라도 입을래? 선생님께는 내가 설명할게."

강빛나의 표정에 겁먹은 듯 아이의 시선은 바닥으로 떨궈졌다. 아이의 표정을 바라본 강빛나는 새로운 먹잇감을 발견한 듯 작게 웃어보였다.

칵테일 한 잔

남유성

남유성   성인이 되고 얼마 안 돼서 일본에 여행을 가서 처음으로 바에 가서 칵
테일을 마시는 특별한 경험을 했다. 그 이후로 한국에서 여러 바를 방
문하며 그 바의 시그니처 칵테일을 마시거나 바텐더의 추천을 받아서
마신다. 잠깐 바텐더가 되기 위해서 이력서를 50군데 이상을 넣은 적
이 있다. 취미로 친구들을 집에 데리고 와 홈텐딩을 해서 칵테일을 만
들어준다. 가장 좋아하는 칵테일은 러스티 네일이다.

이메일: pianoremix@naver.com

"먼저 들어가 보겠습니다."

자리에서 일어나 팀장에게 인사했다. 팀장님은 곧 있으면 다른 곳도 업무가 다 끝나니 조금만 기다렸다가 같이 회식을 하자고 말했지만, 오늘은 중요한 일정이 있어서 일찍 들어가야 한다. 사정을 말씀드리자 팀장은 아쉬운 표정을 지으며 알겠다 하고 보내주었다.

평소보다 퇴근하는 발걸음이 무겁게 느껴졌다. 머릿속에 한가득 찬 생각이 만원 버스의 소음을 집어삼킨다. 어디서부터 잘못된 걸까 생각해 보지만 도저히 갈피가 잡히지 않는다.

집에 도착하자마자 옷을 정장으로 갈아입었다. 거울 앞에는 완장을 차기 싫다며 우는 어린아이의 모습은 더 이상 없다. 그저 무미건조한 표정으로 완장을 찬 건장한 남성이 있을 뿐이다. 서랍을 열어 향을 꺼냈다. 안방에 들어가 아버지의 유골함 앞에 향을 꽂고 불을 붙였다. 웃음이 가득한 해맑은 미소를 짓고 있는 사진 속 아버지와는 다르게 난 웃을 수가 없었다. 15년 전 아버지가 병원에서 술을 가져와달라고 부탁한 걸 아직도 기억한다. 그까짓 술이 뭐라고 그렇게 마시기 위해서 애썼는지 모르겠다.

절을 하고 일어나자 옷 안쪽에서 욱하고 종이가 떨어졌다. 오래돼서 노랗게 변색이 된 종이는 곱게 접혀 있었다. 종이를 펼쳐보자 삐뚤빼뚤한 글씨로 각종 술과 칵테일의 이름이 적혀 있다. 어렸을 적에 정말 술이 궁금해서 책에서 마음에 드는 술과 칵테일을 종이에 적었던 기억이 난다.

하지만 결국 30살이라는 나이가 될 때까지 입에 술을 대지 않았다. 술에 빠져 산 아버지처럼 되고 싶지 않았다. 그런 아버지를 용서하지 못했다. 아니면, 한 번 더 어렸을 적 술을 마시고 잘해준 아버지의 모습을 보고 싶은 걸지도 모른다.

"⋯⋯."

술이 궁금하다. 어쩌면 아버지가 그렇게 술에 빠졌는지 모르는 이유는 아직 술을 한 번도 마셔보지 않았기에 이런 생각을 하는 걸지도 모른다. 아버지는 늘 술은 바에 가서 마셔야 한다고 말씀하셨다. 핸드폰의 지도를 켜고 바를 검색했다. 주변으로 정말 많은 바가 뜬다. 더 이상 이유 없는 원망만 할 수는 없다. 어째서 그렇게 술을 좋아하시고 빠져 사셨는지에 대한 의문을 풀어야 한다. 그 의문의 답을 찾기 위해 그렇게나 아버지가 좋아하던 술을, 아버지를 빼앗아 간 술을 마셔보기 위해 가장 가까운 바로 발걸음을 향했다.

도착한 곳에서 둘러보자 허름한 건물이 줄줄이 이어져 조금은 오래된 골목길이라는 느낌을 준다. 그리고 지금 눈앞에 있는 갈색 나무 문은 이곳이 더욱더 오래되었음을 알게 해준다. 문 앞에 걸린 팻말은 가게가 닫혀 있음을 확인시켜 준다. 어느 가게를 가도 오픈 시간보다는 좀 더 일찍 나와서 준비를 할 줄 알았는데, 바는 조금 다른 것 같다. 가게의 내부를 살필 방법은 문을 여는 것 빼고는 없어 보인다. 가게가 닫혀 있음을 팻말이 알려주고 있음에도 불구하고 혹시나 하는 마음으로 길쭉한 나무 손잡이를 잡아당겼다.

닫혀 있을 거로 생각했던 문은 삐걱거리는 나무 소리와 함께 열렸다. 깜짝 놀라 손잡이를 놓고 문을 닫자 조금 전에 들린 나무 소리와는 다르게 크고 둔탁한 소리가 났다. 단순히 주인장이 실수한 건가 싶어 어리둥절해 있던 사이, 얼마 지나지 않아 다시 문이 열리면서 문 사이로 정장을 입은 번듯한 노인 한 분이 나오셨다. 그리고 그 노인은 나를 스윽 훑어보시더니 묘한 미소를 짓는다.

"이거, 재미있는 손님이 오셨구먼. 어서 들어오게."

아직 가게는 열리지도 않았는데 이래도 되는 건지 모르겠다. 모든 바가 이런 식인건가? 혼란스러운 일 투성이다. 망설이고 있는 내 모습을 보고 노인의 괜찮다는 말에 결국 가게에 들어갔다.

노인은 이쪽에 앉으라며 바 테이블 가장 안쪽의 의자를 빼줬다. 감사하다는 인사를 하고 자리에 앉아서 주변을 둘러봤다. 가게 안은 그렇게 넓지는 않았다. 오히려 영화나 책에서 본 바에 비해서 훨씬 작았다. 하지만 서양에서 볼 법한 분위기는 갖추고 있어서 그런지 좁다는 생각이 들지는 않았다. 오히려 주황빛이 감도는 조명과 고풍스럽게 만들어진 가구들이 아늑한 느낌을 줬다.

바 테이블 안쪽으로 쭉 나열된 술들이 시선을 잡았다. 그리고 시선을 따라가자 긴 머리를 한 젊은 남자가 한 명 보인다. 남자는 노인에게 다가가 조용하게 이야기하는 듯했지만, 바가 조용한 탓에 남자와 노인이 하는 이야기는 전부 들어버리고 말았다. 남자는 불만 섞인 목소리로 "아직 오픈도 안 했는데 손님을 받으면 어떻게 해. 있다 올 손님들께는 어떻게 말하려고."라며 불만 섞인 목소리로 말하는 그와 달리 노인은 "그럼 오늘은 이 손님만 받으면 되겠지. 안 그러냐?"라며 느긋하게 받아쳤다. 남자는 기가 찬 듯이 뭐라고 말하려다 고개를 절레절레 저으며 가버렸다.

노인은 호쾌하게 웃으며 메뉴판을 건네줬다. 고개를 살짝 숙여서 감사를 표하고 메뉴판을 열었다. 위스키부터 시작해서 보드카, 진, 데킬라 등등…… 익숙한 술들이 보인다. 아마 이렇게 많이 아는 이유는 아버지가 돌아가시기 전까지 술을 즐겨 드셨기 때문이겠지.

이렇게 메뉴판을 훑어보는 중 마음 깊숙한 곳에 구겨 넣은 아버지의 얼굴이 다시 떠오르면서 이를 꽉 물었다. 만감이 교차하며 이루 말할 수 없는 감정이 다시 머릿속을 엉망으로 어지른다. 안된다. 이런 생각 따위를 하기 위해서 30년 동안이나 단 한 번도 입에 안 댄 술을 마시기 위해서 온 게 아니다.

"깊은 사연이 있구먼."

목소리에 놀라 앞을 보자 노인이 따뜻한 미소를 지은 채 서 있다. 옆에 남자는 한숨을 쉬며 죄송하다며, 단골손님 위주로 봐주다 보니 이런 것 같다고 말했다. 노인은 오히려 그런 점이 자랑스러운지 허리를 꼿꼿이 세웠다. 남자는 그런 노인의 모습을 보고 못 말린다는 듯이 고개를 절레절레 저으며 반대쪽으로 걸어갔다. 그 모습을 보고 노인은 껄껄 웃으며 자기 아들이 융통성이 없어 미안하다 했다.

시시콜콜한 둘의 대화와 같이 메뉴판을 덮어서 테이블에 내려놨다. 안주머니에서 접힌 종이를 건네며 여기에 적힌 술들을 마시고 싶다고 말했다. 노인은 흥미롭다는 듯이 종이를 펼쳐서 보면서 술은 처음 마시는 거냐고 물어보셨다.

그렇다고 대답하자 아까와 같이 껄껄 웃으면서 이걸 다 만들어줄 수 없다며 종이를 돌려줬다. 종이에 적힌 술과 칵테일의 종류만 해도 스무 개가 넘는데, 술을 파는 바텐더로서 손님이 만취할 정도의 술은 내지 않는다고 말하며 원하는 술을 딱 세잔 만들어주겠다며 생각이 끝나면 불러달라 말하고 잠시 자리를 뜨셨다.

한참 동안 종이를 바라봤다. 술과 칵테일의 종류가 빼곡히 적힌 종이 한 장. 또박또박 써 보기 위해서 연필을 꾹꾹 눌러서 쓴 흔적이 보인다. 지금 보이는 글씨는 삐뚤빼뚤한 글씨뿐이지만.

종이를 쭉 훑어보자 다른 술들과는 다르게 밑줄이 쳐져서 강조된 부분이 있다.

-잭 다니엘-

아버지가 가장 좋아하신 술. 찬장을 열면 다른 건 몰라도 저 술, 잭

다니엘만큼은 꼭 있었다. 쉬는 날이면 컵에 얼음을 넣고 종일 마실 정
도로 좋아하셨다. 책이나 신문을 읽을 때도, 텔레비전을 볼 때도, 나와
같이 놀아줄 때도 언제나 잭 다니엘을 마시고 계셨다. 그래서 아버지
와 같이 있으면 은은한 술향기가 풍겼다. 그 정도로 아버지는 잭 다니
엘을 좋아하셨다.

첫 잔은 정해졌다. 종이를 안주머니에 넣고 주문하기 위해서 노인
을 불렀다. 안쪽에서 잔을 닦으면서 나온 노인은 낮은 목소리로 장난
스럽게 인생의 첫 잔을 정했냐고 물어봤다. 노인의 장난기에 픽 하고
웃으면서 첫 잔은 잭 다니엘로 하겠다고 말했다.

노인은 끄덕이며 뒤돌더니 수많은 술이 있는 진열장 안에서 병을 찾
아 꺼내셨다. 이어서 작은 원통형 컵을 꺼내더니 안에 둥근 얼음을 넣
었다. 그 위로 갈색 잭 다니엘이 주르르 흐르자 불투명했던 얼음이 투
명해진다. 아버지는 이런 술의 아름다움에 매료되신 걸까?

잔에 반 정도 찬 컵이 내 앞으로 왔다. 잔을 들자 코를 가까이 대지
도 않았는데, 알코올의 냄새가 멀리서도 난다. 어렸을 적 아버지에게
서 났던 향과는 조금 다른 냄새. 비슷하지만 좀 독해서 눈살이 찌푸려
지는 그런 어딘가가 불쾌한 느낌이다. 아버지를 이해하기 위해 마시는
술. 이미 성인이라 마셔도 전혀 상관이 없는데, 어째서 탈선하는 기분
인 걸까. 꽉 잡은 잔을 조심스럽게 입에 가져갔다.

알 수 없는 단맛이 혀를 아리게 만들고 불쾌한 기분이 들게 했다. 그
리고 상상 이상으로 독한 알코올의 맛에 머리가 지끈지끈 아파졌다.
이게 술기운이라는 걸까. 어렸을 적 아버지 근처에서 난 그 향이 이런

맛인 걸 깨닫게 된 순간 술에 대한 환상이 깨졌다. 아버지를 이해하기 위해서 술을 마시러 온 건데, 어째서인지 더 이해할 수 없게 되었다.

탁 하고 앞에 캔 콜라가 테이블에 올라와 있다. 잭 다니엘과 콜라를 섞으면 잭 콕이라는 칵테일이 된다고 했다. 나는 바로 캔을 따서 잭 다니엘이 담긴 컵에 부어 넣었다. 청량감 있는 탄산이 올라오며 밋밋했던 잔에 생기가 도는 것 같다. 하지만 콜라를 섞는다고 해서 과연 이 특유의 단맛이 없어질 것 같지는 않다.

-잭 콕-

분명 적어둔 목록에도 보인 술 중 하나다. 잭 다니엘과 콜라만 섞으면 만들어지는 칵테일이라니, 이보다 만들기 쉬운 칵테일은 없을 거다. 잔을 들어 향을 맡는데, 아까 잭 다니엘만 마실 때보다 훨씬 알코올 향은 줄어들었다. 콜라의 톡톡 튀는 탄산이 혀에 감도는 술맛을 조금 씻어줘서 더 개운한 느낌이 들었다. 하지만 그것도 잠시일 뿐이었다. 달다. 하지만 단 것들이 전부 맛있다는 뜻은 아니다. 처음으로 마신 알코올이 몸에 안 맞는지 열이 나는 것 같았다.

아직 술이 남은 잔을 밀어냈다. 아버지가 가장 좋아한 술을 전혀 마실 수 없다니. 아버지에게 죄송한 마음이 들었지만, 그와 동시에 이런 걸 즐겨 마신 아버지가 도무지 이해가 가지 않았다.

시간이 조금 지나자 지끈지끈 아팠던 머리는 나아졌다. 하지만 몸에 쌓인 알코올의 잔여물은 몸을 나른하게 만들었다. 한숨을 내쉬자 사라지지 않은 알코올의 향이 새어 나온다. 아버지도 이런 느낌이셨던 걸까.

오만가지 생각이 들기 시작한다. 어렸을 때 취해서 집에 들어온 아버지. 일을 쉬면 그날은 물 대신 술을 마실 정도로 술을 좋아한 아버지. 병원에 있을 때마저도 술을 찾은 아버지. 결국 그렇게 세상을 떠난 아버지.

"이런걸 스무 잔 넘게 마실 생각이셨나요?"

노인의 말에 어색한 쓴웃음을 보였다. 아무래도 술이랑은 맞지 않는 것 같다며 전부 마시지 못해 미안하다고 말했다. 바텐더는 술이 남은 잔을 정리해주며 술을 못 마셔도 속상해할 필요는 없다면서 괜찮다고 말해줬다.

하지만 술을 못 마셔서 속상한 게 아니다. 정말 속상한 건, 아버지를 이해하기 위해서 큰 결심을 하고 처음으로 술을 마셨는데, 마셔도 아버지를 전혀 이해할 수 없어서 속상한 것이다. 어째서 아버지는 건강을 헤쳐가면서까지 그렇게 마신 걸까.

"첫 잔이 잭 다니엘에 잭 콕이라, 이 소중한 첫 잔에 무슨 사연이 있는지 궁금하군요."

물을 한 잔 따라주며 노인이 물었다. 모르는 사람에게 이런 개인적인 이야기를 해도 괜찮은 거니까 생각이 든다. 정말 남의 인생에 엄청난 관심을 두고 있는 건지 계속 나의 마음 안쪽으로 은근슬쩍 다가온다.

사연이라…… 평소에 아버지는 정말 무뚝뚝하신 분이었다. 퇴근하

고 집에 돌아오면 지쳐서 피곤한 모습에 다녀왔다고만 말하고 방으로
들어가서 안 보이는 분. 나에게 있어 아버지란 너무나도 먼 존재였다.

하지만 어느 날 아버지는 평소와 다른 모습이었다. 정말 생기가 도
는 모습. 평소에 보는 아버지의 모습은 병원에서 앓고 있어서 지친 환
자였다면, 그날은 장난감을 처음 받은 아이처럼 활발한 모습이었다.
처음으로 아버지는 집에 들어와서 나를 찾으셨고, 사랑한다, 미안하
다, 고맙다며 영문 모를 말만 하시며 나를 끌어안으셨다. 그때 어린 나
에게는 알 수 없는 향. 하지만 이 향이 날 때면 무뚝뚝한 아버지는 언
제나 솔직해지셨다. 다정하고, 따뜻한 사람으로 변해 있었다.

술을 마시고 온 날에는 가지고 싶다고 한 장난감도 사주셨고, 술을
마시고 있을 때 같이 놀자고 하면 하고 있던 일을 멈추고 웃으면서
같이 놀아주시기도 하셨다. 술이 정말 좋은 것인 줄 알았다. 사람을 착
하게 만들어주는 약이라고 생각했었으니까.

중학생이 돼서 아버지가 몸이 조금씩 안 좋아진다는 걸 알게 되었
고, 점점 심해지자 결국 병원 신세를 지게 되었다. 병원에서 의사는 당
장 술을 끊지 않으면 위태롭다 말했지만, 아버지는 병원 안에 있을 때
마저 술을 마셨다. 병문안을 가겠다고 전화하고 병원에 가 있으면 언
제나 아버지는 웃고 있었다. 그때까지만 해도 술에 대한 거부감은 없
었다.

하지만, 결국 아버지는 갑작스럽게 돌아가셨다. 이유는 당연히 지
속적인 음주. 처음에는 슬펐다. 술이 미웠다. 어째서 아버지를 데려
가야 했는지 이해할 수가 없었다. 하지만 고등학생이 된 이후 다른 친

구들의 가정사 이야기를 들어보면, 술에 이렇게까지 빠져 산 아버지는 없었다. 술에 대한 혐오감이 올라온 건 그때였다. 술에 어째서 그렇게까지 목을 매셨는지, 전혀 이해하지 못했다. 이해하고 싶지도 않았고, 오히려 의사의 말을 왜 듣지 않은 건지에 대한 분노만이 느껴졌다.

분명 이렇게나 이해할 수 없음에 화가 났는데, 분노했는데, 이 분노 속에는 슬픔이 서려 있었다. 술로 인해서 다정한 아버지를 볼 수 있었는데, 이게 아버지의 잘못인 거냐며 스스로에게 물었다. 내가 무뚝뚝한 아버지를 보기 싫어서, 계속 다정다감한 아버지로 남아주셨으면 해서, 내가 아버지를 죽음으로 몰아넣은 게 아닐까 했다.

그런 분노, 슬픔, 죄책감과 같은 무거운 감정이 술에 담겼다. 결국 성인이 되어서도 술을 계속 피하게 되었다. 지나가는 길에 술집이 보이면 바닥을 보고 걸었다. 술집 안에 사람들을 보면 아버지의 모습이 아른거려서 감정들에 가슴이 찌그러지는 느낌이 들 뿐이었다.

회식 자리 역시 마찬가지였다. 어른이란 어째서 그렇게 술에 의지하는 걸까. 이런 것이 인생에 위로가 되는 것일까? 아니면 즐거움을 가져다주는 것일까? 나에게 소중한 사람의 죽음만을 안겨주고 떠난 이 술을 도저히 이해할 수 없었다.

아니면 내가 지금 술을 마시는 방법을 몰라서 이러는 걸지도 모른다. 어렸을 때 술은 성인이 되면 가르쳐 준다고 아버지가 누누이 말했다. 그래서 빨리 어른이 되고 싶었다. 술을 아버지에게서 배우고 싶었으니 말이지. 눈앞에 있는 노인은 바텐더. 술을 다루는 일을 하기에 노인에게 물어봤다. 술을 맛있게 마실 방법이 있는지.

노인은 나의 질문을 듣고 웃었다. 그러고는 잠시 기다리라고 한 뒤에 치즈 조각들을 접시에 올려서 건네줬다. 노인은 나에게 치즈를 먹어보라고 말했다. 난 포크로 치즈를 찍어서 입에 넣고 씹었다. 조금은 고무 같은 식감 안에서 고소한 맛이 혀를 감쌌다.

노인은 치즈를 먹기 위해서 방법을 생각했냐고 물었다. 질문에 기가 막혀서 난 고개를 저으며 그런 걸 생각하면서 먹을 리가 없지 않냐고 답했다. 그러자 노인은 먹으면서 맛있게 먹기 위한 방법을 생각했냐고 물었다. 당연히 그럴 리가 없다고 답했고, 음식은 맛있으면 맛있는 거고, 맛없으면 맛없는 게 아니냐고 되물었다.

노인은 씨익 웃더니 찬장 위쪽에 있는 술을 꺼내서 앞에 놔줬다. 병은 투박한 디자인에 라벨도 거의 다 뜯어져 가고 있어서 오래된 술이라는 게 물씬 느껴졌다. 이 술은 정말 인기가 없는 술이라며 술의 역사에 대해서 장황하게 이야기를 늘어놓으셨다. 나로서는 전혀 이해할 수 없는 단어들의 나열일 뿐이었지만, 가장 강조한 부분은 많은 사람이 맛없다고 느꼈으며 적은 매출로 판매가 중단이 되었다는 거다. 그럼 한정성 때문에 사둔 거냐고 묻자 노인은 피식 웃었다. 다른 사람들이 뭐라고 말하든 자신은 지금까지 마셔본 위스키 중에서 가장 맛있다고 말했다.

위스키를 들고 이야기하는 노인의 모습에서 아버지의 모습이 비쳤다. 아버지도 술을 마실 때 저렇게 신나게 이야기했었다. 술에 대해 아무것도 모르는 어린아이가 계속 그 이야기를 들었던 것도 무뚝뚝한 모습이 아닌, 해맑은 그 모습을 조금이라도 더 보고 싶어서였던 것 같다.

아버지에 대한 기억. 잊을 수 없는, 잊어서도 안 되는, 하지만 잊어
버리고 싶은 이 기억이 생생하게 떠올랐다. 돌아가셨을 때 느낀 이 무
거운 감정도 다시금 올라오기 시작했다. 분명 살아가면서 둔해지고 무
뎌졌을 거라 생각했는데…….

노인은 다른 잔을 하나 건네주셨다. 아직 다음 잔은 주문하지 않았
다고 말하자 노인은 바의 주인은 바텐더라며 자신이 바텐더, 주문과
상관없이 주고 싶을 때 주는 거라며, 만약 마시기 싫다면 남겨도 상관
없다고 말했다.

아까와 같이 둥근 잔에 연한 갈색 액체가 가득 차 있다. 잔을 집고
향을 맡았다. 아까보다 독한 알코올의 향이 코를 찌른다. 정말로 다디
단 향. 마치 꿀과 같은 향이 코를 자극하는 알코올을 가라앉혀준다. 이
번 잔은 어렸을 때 아버지에게서 난 향과 정말 비슷한 느낌이 들었다.

조심스럽게 한 모금을 마셨다. 아까 마셨던 잔보다 술기운이 확 올
라온다. 하지만 그리 나쁘지 않은 한 모금이다. 비슷하면서 전혀 다른
취기가 올라온다. 아까는 머리를 짓누르는 느낌이었다면 이번에는 몸
의 긴장을 풀어주는 느낌이다.

-러스티 네일-

보여준 종이 안에 있는 술 중에서 자신도 좋아하는 걸로 한잔 만들
어봤다며 칵테일의 이름을 말해주셨다. 러스티 네일. 녹슨 못이라니.
이 칵테일을 만든 사람은 작명 센스가 없는 것 같다고 말했다. 누가 저

런 이름을 듣고 마셔볼 생각을 하겠냐 말하자 노인은 말했다.

"혹시 모르죠. 자신만을 위한 한잔이었을 지도."

그 말에 미소 지으며 다시 잔을 들어 홀짝 마셨다. 자신만을 위한 한
잔. 아버지 역시 마찬가지였던 걸까? 기분이 오락가락한다. 술의 영향
인지, 오늘이 아버지 생각이 유독 많이 나서 그런지 모르겠지만, 해답
은 아직도 못 찾았다. 아버지는 그저 술을 좋아하셨던 걸지도 모른다.

어째서 바텐더가 되기로 했는지 노인에게 물었다. 돌아오는 대답은
놀랍도록 단순했다. 술이 좋아서 바텐더가 되었다고 대답했다. 그래
도 다른 신념이나 그런 게 있지 않냐고 물어보자 빈 접시에 치즈를 다
시 올려줬다. 그 의미를 이해한 나는 고개를 그저 끄덕였다. 좋아하는
것에 솔직한 노인에게 뭔지 모를 뿌듯함을 느끼며 잔을 들었다.

반쯤 마셨을까, 칵테일의 맛은 상당히 달라져 있었다. 처음에 마셨
을 때 느껴진 독함은 얼음이 녹으면서 부드러운 맛이 났다. 노인은 이
번에는 남기지 않는 거냐며 농담을 던졌다. 난 아무런 대꾸도 못 하고
그저 어색하게 웃어보았다.

다시 한번 잔을 들었을 때 그 안에는 투명한 얼음만이 남아 있었다.
아쉬운 마음으로 잔을 내려놨다. 마음에 들었냐고 묻는 노인에게 고개
를 가볍게 끄덕이며 나쁘지 않았다고 답했다. 취기가 올라오는 느낌이
나쁘지만은 않은 것 같다. 노인은 허리를 숙이며 감사하다고 말했다.

조금은 아버지의 마음을 이해할 수 있을 것 같은 기분이 들었다. 비
록 완전히는 아닐지라도, 좋아하는 음식을 먹듯이 아버지도 그저 좋아
하는 술을 마시며 기분이 좋아진 걸지도 모르겠다. 똑같은 걸로 한잔

더 만들어줄 수 있냐고 노인에게 묻자, 노인은 고개를 저으며 안 된다고 말했다.

"첫 잔은 아버지를 위한 술, 그다음은 제가 좋아하는 술, 마지막은 손님이 원하시는 걸 골라보시죠."

정말 제멋대로인 바텐더다. 들어온 손님에게 마시고 갈 술의 양을 정해주지를 않나, 같은 술을 연속으로 못 마시게 하지를 않나. 원래 있던 단골손님마저도 나갈 것만 같다. 어쩔 수 없이 다른 주문을 하기 위해 메뉴판을 집으려 하자 노인은 메뉴판에 손을 올리고 가져가지 못하게 막았다. 노인의 행동이 이해되지 않아 잠시 그의 얼굴을 올려다보았다.

"메뉴판은 이미 가지고 계시지 않으시는가요?"

노인은 손가락으로 왼쪽 어깨 밑을 가리켰다. 무슨 말을 하는 걸까 잠깐 생각했다. 그리고 이내 첫 주문 후에 안주머니에 넣은 종이가 생각났다. 종이를 꺼내고 그 안에 쭉 나열된 술, 칵테일들을 봤다. 그리고 한 단어에 눈이 멈췄다.

-카타르시스-

비극 속의 연민과 공포를 통해서 마음이 정화되고 쾌감을 느끼는 문학적 용어다. 어쩌면 지금 나에게 가장 필요한 한잔일지도 모르겠다. 노인에게 종이를 보여주며 카타르시스 한잔을 부탁하자 고개를 끄덕이며 찬장에서 술들을 꺼냈다.

얼마 지나지 않아 카타르시스 한 잔을 받았다. 지금까지 마신 나무와 같은 색을 띤 칵테일들과는 다르게 금색에 가까운 색을 띤 칵테일이다. 살짝 코에 대고 냄새를 맡자 강한 알코올 향 안에서 새콤한 향이 은은하게 올라온다.

한 모금 마시자 처음으로 마신 잭 다니엘과는 비교도 안 될 정도로 혀가 아려 왔다. 거기에 조금 신 맛까지 더해지니 따끔거리기까지 한다. 삼키고 숨을 들이쉬자 빠르게 기화되는 알코올에 목이 차가워져 기침을 할 수밖에 없었다.

하지만 지금까지 마셔본 칵테일 중에서 가장 이름값을 하는 칵테일이다. 그리고 정말 독한 맛과는 달리 그리 나쁘지만은 않았다. 입에 술이 흘러들어오자 미각은 독한 술에 비극을 느끼고, 이걸 마시고 괜찮을까라는 찰나의 공포가 머리를 스친 다음, 삼키고 숨을 들이켜면서 목구멍이 차가워지는 느낌은 알 수 없는 쾌감을 주었다.

더 마시기 위해 잔을 들었지만, 다시 알코올 냄새를 맡자 순간 머리가 아찔해졌다. 이 이상 마시면 내가 만취할 것을 본능적으로 느꼈다. 아쉬운 마음으로 잔을 내려놨다. 잔 속에서 찰랑거리는 술이 마셔달라고 유혹하는 것 같다. 이런 자신을 버릴 거냐고, 딱 한 모금만 더 해보라며 계속 말하는 것만 같다.

"……."

아버지는 이 유혹을 참지 못하신 걸까?

이 유혹에서 헤어 나오지 못하고 계속 빠져드신 걸까?

헤어 나오기 위해 충분히 노력하신 걸까?

조금 이해했다고 생각했는데, 오히려 의문이 더 많이 남았다. 어째서 아버지는 늘 술을 마시고 계셨을까 생각했다. 하지만 알고 있다. 아버지는 늘 술을 마신 게 아니다.

"아마 당신이 여기에 오기 위한 쓴 용기만큼, 아버지도 당신에게 말을 걸기 위한 용기 있는 한 잔이 필요했을지도 모르죠."

한참 말없이 잔을 바라보며 생각하고 있을 때 노인이 말을 건넸다. 그리고 잔을 들고 천천히 빙글빙글 돌렸다. 각진 얼음이 잔 표면과 부딪치면서 맑은 소리를 낸다. 밖으로 넘칠 듯 말 듯 금색 액체가 잔 안에서 일렁인다.

아버지도 종종 술을 드실 때 저렇게 잔을 돌리곤 했었다. 아버지와 놀기 위해서 방에서 나오면 소파에 앉아서 한 손으로는 턱을 괴고, 다른 한 손으로 잔을 빙글빙글 돌리며 사색에 잠겨 창밖을 바라보셨다. 그리고 아버지를 부르면 그때 아버지는 꼭 술을 한 모금 마시고 웃으면서 바라봐 주셨다.

아버지는 나와 같이 있을 때만 술을 마셨다. 그리고 나는 술을 마신 아버지의 모습을 좋아했다. 아버지는 내가 가장 좋아하는 아버지의 모습으로 남고 싶으셨을 뿐이었던 거다. 그래서 퇴근했을 때도, 집에서도, 병원에서도 아버지는 내가 가면 언제나 술을 마시고 있었던 거다.

알고 있었음에도, 그저 아버지가 돌아가셨다는 사실에 슬픔에 잠겨 인정하고 싶지 않았다. 특히 어렸던 나에게 아버지의 죽음을 받아들이기는 더욱더 어려웠다. 15년 동안 계속 인정하지 않고 있었다. 눈앞에 진실이 있음에도 눈을 가리고 없다고 박박 우기며 살아왔다. 하지만 이제는 눈을 뜰 때가 된 것 같다.

눈앞이 흐려진다. 차오르는 눈물을 흘리기 싫어 눈을 깜빡이지 않았다. 하지만 계속 차오르는 눈물은 눈가를 타고 탁자 위로 떨어졌다. 장례식장에서도 이랬다. 상주라서 울지 말아야겠다고 생각했다. 상주가 뭔지도 몰랐다. 그저 아버지와 가장 가까운 사람이라는 것만 알았을 뿐. 슬픔을 남에게 보이기 싫어 입술까지 깨물어가며 최대한 아무렇지 않게 있었다. 눈물이 흐를 것 같으면 뒤돌아서 옷소매로 눈을 비비며 눈물을 닦아냈다.

고등학생이 되었을 때는 아버지가 원망스러웠다. 다른 아이들은 모두 부모가 살아 있는데, 술을 끊지 못해 먼저 떠나신 아버지가 싫었다. 하지만 이 화를 들키고 싶지 않았다. 그래서 차오르는 눈물이 흐르게 놔뒀다.

지금은 아버지에게 미안한 감정이 든다. 미안하고 부끄러워 이 눈물을 보이고 싶지 않다. 순수한 어린 나를 위해 건강까지 희생하며 술을 마신 아버지에게 미안하다. 아버지의 상냥한 모습을 잠시 잊은 고등학생 때, 그리고 지금까지 아버지가 나를 위해 술을 마셨다는 모습을 애써 부인한 내가 부끄럽다.

"술은 사람을 솔직하게 만들죠. 아버지는 당신에게 솔직한 모습만 보여주고 싶었던 겁니다."

노인은 따뜻한 미소를 짓고 손수건을 건네줬다. 아무 말도 할 수가 없었다. 그저 고개를 숙이고 입술을 꽉 깨물고 울음소리를 감추고 싶었다. 이해할 수 있었음에도 이해하지 않은 자신이, 어른이 되면서 오

해한 사실이, 오랜 시간이 지나서야 알게 된 사실이 비어있던 가슴을
채우며 진실한 눈물을 흘리게 되었다.

　얼마나 시간이 지났을까. 노인에게 위로받으며 한참을 울었다. 조
금은 진정이 되고 고개를 들자 노인은 곱게 접힌 종이를 건네줬다. 종
이를 받으며 고개를 숙이고 감사를 표했다.

　민폐를 끼쳐 죄송하다고 거듭 말했다. 노인과 남자는 괜찮다고 말
하며 따스한 미소를 지었다. 계산하기 위해서 지갑을 열자 노인은 고
개를 저었다.

　"당신의 소중한 이야기를 들려주신 것만으로 술에 대한 값은 충분
히 지급했으니, 계산은 안 하셔도 됩니다."

　얼떨떨한 표정으로 노인과 남자를 번갈아 바라봤다. 들어올 때 까
지만 해도 노인의 말에 투덜거리던 남자도 점잖은 자세로 미소를 짓고
있었다. 두 사람을 보니 어째서인지 같이 미소를 지었다. 고개를 끄덕
이고 인사를 했다.

　"감사합니다. 잘 마셨습니다."

　바를 나오자 밖은 완전히 깜깜해져 가로등만이 길을 밝혀주고 있었
다. 하늘은 구름 한 점 없이 맑고 높은 하늘이다. 밤의 선선한 바람에
눈을 감고 취기를 흘려보내고 집에 들어와 아버지의 유골함 앞에 앉았
다. 그리고 안주머니에서 오래된 종이를 꺼내서 펼쳤다.

　아버지의 책장에서 술 관련 책들을 여럿 꺼내서 읽다 마음에 드는
술이 보여서 공책의 종이 한 장을 찢어서 그 안에 마시고 싶은 술과 각

테일을 연필로 써 내려갔다. 마시고 싶은 만큼 연필을 더 꽈악 잡고 꾹꾹 눌러 썼다. 연필 가루가 종이에 번져서 깨끗하지는 않았던 종이. 하지만 그런데도 좋다고 소파에 앉은 아버지에게 종이를 건네주며 해맑게 웃던 나의 어린 시절.

그리고 아버지는 종이에 볼펜으로 밑줄을 그었다.

JACK DANIEL'S

사랑

서정식

서 정 식   자유와 희망을 찾아 코리안드림을 꿈꾸고 한국에 정착한지 어언 18년,
            마음의 안정을 찾기에는 아직 공산주의와 자본주의의 사이에서 느끼는
            현실의 감정을 분배하기 힘든 가난한 영혼이다.
            지극히 평범한 가장으로서 딸아이 키우는 모든 아비의 마음을 담아 오
            로지 삶을 사랑이라는 단 하나의 초점에 맞춰 이 마음을 지배해 보련
            다.
            사랑은 책임이니깐!

서문

"아빠, 사람들이 그러는데 우리 마을 뒷산 너머에 유명한 동굴이 하나 있대, 혹시 아빠도 알아?, 가봤어?, 뭐가 유명한데?, 사람들이 매일같이 길게 줄을 서서 그 앞에서 기도한대."

"응, 아빠도 가 보긴 가 봤어, 근데 안에는 들어가보지 못했지, 듣기로는 누군가를 간절히 사랑하는 맘으로 기도해야지만 천사가 그문을 열어준대, 오직 그렇게 선택된 사람만이 안에 들어가서 구경할 수 있다고 하더라, 아빠도 네 엄마를 사랑하던 시절에 한번 그 동굴앞에 가서 간절하게 기도했던 적이 있어, 근데 천사가 들어주질 않더라, 내 사랑이 부족했는지 문이 안 열렸어, 아마 지금까지도 그 안에 들어가 본 사람이 몇 명 없을거야."

"하하! 그럼 아빠가 엄마를 간절하게 사랑하지 않았다는 거네, 그렇다면 그 동굴 안에 들어가 보려면 누군가를 간절히 사랑해야 된다는 거잖아, 만약에 사랑하는 사람이 없으면 그 동굴 안에 들어가는 걸 꿈

도 꾸지 말아야겠네?, 무슨 그런 조건이 다 있어?, 뭐 얼마나 대단한
게 들어 있다고?"

"그러게 말이다, 나중에 네 남자친구가 생기면 사랑을 테스트할 겸
한번 데리고 가 봐라."

"뭐?, 아빠도 참, 나 연애 안 한다니깐, 그러는 아빠나 한번 가 봐,
맨날 입으로만 날 사랑한다 사랑한다 타령 부르는데 진짜인지 검증
하게."

순간 머리가 띵 해졌다. 나 조차 내가 정말 딸을 사랑하고 있는 것이
맞을까? 과연 진실한 사랑이 무엇일까? 의문이 들기 시작했다. 하지만
내색은 하지 못하고 점잖은 척

"야, 아빠 만큼 너를 사랑하는 사람 있으면 나와 보라구해, 아빠가
너를 사랑하지 않으면 누가 너를 사랑하니? 아빠가 주는 사랑이 싫으
면 관둬라, 누군 사랑하고 싶어서 하는 줄 아니? 아빠니깐 하는 거지."

딸은 귀찮은 듯 일어서더니 뒷 주머니를 툭툭 털며 퉁명스럽게 내뱉
는다.

"에이, 그놈의 사랑 타령, 엄마나 좀 제대로 사랑해 주시지."

그리고는 자기 방으로 쑥 들어가 버렸다. 불현듯 오기가 생겼다. 나
로서는 최선을 다해 딸내미 만큼은 아끼고 사랑한다 자부했는데 과연
이 마음이 사랑이 아니라면 뭐란 말일까? 사랑이 있다면 무엇이라 설
명할것인가? 딸아이 앞에서 당당해지고 싶었다. 적어도 사랑만큼은
입으로가 아닌 마음으로

그리하여 나는 해가 뉘엿뉘엿 넘어가며 맞이하는 석양의 그림자도

마다하고 발걸음을 동굴로 향했다. 한참을 걸어 어둠이 깔리고 마주한 동굴 입구에는 늦은 시간이라 아무도 없었다. 조용히 쭈그리고 앉아 마음을 가다듬고 딸에 대한 아끼는 마음을 되새기며 문이 열리기를 기다렸다. 하지만 집채만 한 바윗돌로 된 입구는 도무지 열릴 가망이 보이지 않았다. 역시나 나는 뭔가 아직 부족하구나, 그것이 뭘까 하며 고민을 거듭하다 다시 한번 마음을 가다듬고는 이제는 아예 보는 사람도 없겠다, 무릎까지 꿇고 간절하게 기도를 드려봤다.

"이 세상이 존재하는 한 저에게 있어 딸이란, 내 목숨보다 소중한 것이고 딸내미를 위해서라면 무엇이든 못할 것이 없으며 원하는 모든 것을 바칠수 있습니다. 다만 아직 당당할수 없는 사랑 하나를 깨우치러 왔으니 심려가 되지 않으시다면 천사님께서 아량을 베풀어 한수 가르쳐 주십시오."

그 순간 굳게 닫혀있던 동굴 문이 환한 빗살로 가득하더니 저기 안쪽에서 흰옷 입은 천사가 들어오라고 손짓으로 부르고 있었다. 놀라움과 두려움에 어안이 벙벙하여 입도 다물지 못한 채 벌떡 일어선 나의 몸은 어느새 붕 떠서 동굴 속으로 빨려 들어가고 있었다.

천사는 나의 두 손을 꼭 잡아 쥐며 말해주었다.

"그대의 진실한 간청이 나의 심금을 울려 맞이하게 되였소, 사실 인간 세상에서는 사랑을 아는 이가 없소, 하물며 사랑을 알지도 못하면서 사랑 흉내 내는 무리 속에서 그나마 자신의 처지를 알고 도움을 요청하는 이는 극히 드무오, 그러니 내 특별히 그대에게 은총을 베풀어 사랑을 깨닫게 해 줄 것이요, 자, 나를 따라 오시오."

나는 아무 말도 하지 못한 채 천사의 손에 이끌려 어디론가 향했다. 그곳에는 언제 왔는지 나같은 행색의 여러명의 사람들이 입을 다물지도 못하고 넋이 나간 사람처럼 멍하니 서 있었다. 족히 30여 명은 돼 보였다. 천사는 우리를 향해 얘기했다.

"여기 계신 여러분들은 모두 사랑이 갈급한 분들이라 특별한 혜택을 주려 합니다. 부모님에게 효도하고 싶은 사람, 배우자에게 잘해주고 싶은 사람, 자식을 아끼고 싶은 사람 모두 하나같이 사랑이 결핍해서 이 자리에 모였습니다. 사실은 인간 세상에도 이미 사랑을 깨우칠 만한 충분한 조건이 허락되어 있습니다만 이미 너무나 많은 왜곡으로 인하여 다소 진실을 깨우치는데 어려운 부분이 있지 않나 생각되어 이렇게 몇몇 분들을 초대해 직접 설명해 드리고자 합니다. 하지만 인간들에게는 책임을 묻지 않을 것입니다. 사랑을 깨닫고 못 깨닫는 것은 자유이지 그렇다고 사랑이라는 이름으로 자유까지 구속할 수는 없는 것입니다. 그럼 사랑을 깨닫기 위해선 우선 우리 동산을 한 바퀴 둘러보셔야 합니다. 여기 호랑나비가 동산을 안내해 드릴 것이니 따라가 보십시오, 부디 즐거운 여행이 되길 바라겠습니다."

이때 커다란 호랑나비 한 마리가 날아 오더니 머리족에 달린 마이크를 휘여잡고서는 동산을 소개하기 시작했다.

"안녕하세요? 신사 숙녀 여러분, 반갑습니다. 먼 길을 돌아 이렇게 저희 동산을 찾아 주신 걸 진심으로 환영합니다. 아니 어쩌면 우연히 들렸다 해도 상관없습니다. 우리 동산이 갖고있는 매력에 푹 빠지시게 되면 헤여나오질 못하게 될 테니까요, 잠시 저희 동산을 소개하겠습니다. 음, 저희 동산은 말입니다.

첫째, 여러분이 상상하는 모든 일들이 현실로 일어나는 곳이고

둘째, 여러분이 원하시는 자유를 마음껏 누릴 수 있는 곳이며

셋째, 고통이란 눈을 씻고 찾아 볼래야 찾을 수 없는 행복하고 아름다운 곳입니다. 그것도 아주 영원히 말입니다."

"우와! 여기가 천국인가 보다!"

"그럼 우리가 지금 천국에 와 있는 건가?"

"사랑이란 게 이렇게 높은 차원에 있는 것이었어? "

사람들은 난생처음 겪어보는 환경에 저마다 웅성거리기 시작했다. 믿기지 않는다는 듯 외마디 탄성과 함께 연신 감탄사를 남발한다. 매사에 의심 많던 내가 소리 높여 물었다.

"그것을 어떻게 증명할 것입니까?"

나비는 아롱다롱 예쁜 무늬가 그려져 있는 커다란 날개를 펄럭이더니 내 어깨 위에 살포시 내려앉고서는

"거참 성격도 무지 급하시네요, 잠시만 기다려 주세요, 이제부터 하나하나 둘러보시면 아실 테니 너무 조급해하지 마세요."

그리고는 앞에 나가서 연설을 마저 이어 나갔다.

"동산을 둘러보기에 앞서 한 가지 조건이 있습니다. 세상 어디에도 공짜가 없듯이 우리도 여러분들의 가장 소중한 것을 담보로 받습니다."

"그것이 뭔가요?"

"네, 바로 여러분들의 미래입니다. 여러분이 투자할 수 있는 미래

만큼 얻어갈수 있는 것이 바로 우리 동산의 조건입니다. 우리는 여러 분의 안위를 책임질 것이며 여러분은 잠시 미래를 맡겨둔채 하고 싶은 모든 것을 하십시오, 말리지는 않습니다. 원하시는 모든것을 미래에 연연하지 말고 실컷 해보십시오, 그리고나서 언제든지 수요가 되신다면 다시 찾아가십시오, 저희는 협박하지 않습니다. 모든 것을 여러분이 갖고 있는 자유의지에 맡길 것입니다. 여러분의 미래는 여러분에게 소중한 것이지 결코 우리에게 소중한 것이 아닙니다. 스스로 자신의 미래를 책임질 수 있다면 굳이 우리의 도움도 필요치 않을 것입니다. 우리 역시 그런 보잘것 없는 곳에 에너지를 낭비할 생각은 전혀 없습니다. 그러나 진정 오갈 데 없는 절실함으로 한가닥 희망의 물줄기나마 기대하고 찾아오셨다면 두 팔 벌려 환영합니다. 그럼 저희 동산으로 안내할 모노레일 기차에 탑승해 주십시오, 최후의 결정은 나중에 하셔도 좋습니다."

그렇게 우리 일행은 기차에 올랐고 출발을 알리는 경쾌한 종소리와 함께 여행은 시작되었다.

제1장 동물원

한 참을 달려 도착한 동물원 입구에는 거대한 울타리가 쳐져있었고 그 아래로 펼쳐진 드넓은 초원과 울창한 숲속에는 수많은 동물들이 한데 어우러져 생활하고 있었다.

"어머, 귀여워라! 빨강 리본에 분홍색 치마며 거기에 율동까지 엄청 귀엽네요! 얘네들은 누구죠?"

한 아주머니가 대문앞에 서 있는 토끼들을 보며 호들갑조로 부산스레 묻는다.

"네, 바로 우리 동산의 마스코트인 토끼 자매들이랍니다. 왼쪽에 서 있는 깜장색 아이와 오른쪽에 서 있는 하얀색 아이는 사실 쌍둥이지요, 여기 앞에서 문지기 역할을 하고 있고요, 이 자리까지 오는데 에는 굉장히 많은 노력과 훈련이 필요하답니다. 아무나 설 수 없는 자리라는 뜻이죠, 체적화된 교육과 선발을 통해서만 선출된 최고급의 아이들이란 말입니다. 아무렴 입구의 첫인상을 담당하는 중요한 자리인데 늑대를 내 세울순 없지 않겠습니까? 허허"

나비는 자신들이 내세운 마스코트에 대한 자부심이 굉장한듯 격앙된 어조로 설명했다. 그리고 어깨를 한번 으쓱 하더니 다시 마이크를 당겨서 설명을 이어 나갔다.

"첫번째 둘러볼 곳은 바로 동물원입니다. 우리 동산에서는 모든 동물을 분리해서 가둬놓지 않습니다. 보시다시피 여기에 있는 각양각색의 동물들은 저마다 자신들의 이렇다 할 마땅히 지정한 구역도 없이 조화를 이루며 잘 살아가고 있습니다. 때로는 살벌한 먹이 싸움에 쫓고 쫓기는 치열한 경쟁이 난무하지만 어쩌겠습니까? 그것이 저들의 자유인 것을, 앞서 말씀드렸다시피 우리는 되도록이면 생명의 존엄을 침해하는 자유의지를 꺾지 않으려 최대한 노력하고 있습니다. 어제도 호랑이한테 암사슴 한 마리가 잡혀 먹혔고 저기 나무 위에 늘어져 있는 비단구렁이는 까치 새끼가 들어있는 둥지를 털어 6마리나 삼켜버렸고 여기 무리 지어 생활하는 돼지 가족은 오늘 새벽에 새끼 23마리나 낳았어요, 참 신기해요 따로 먹이 같은 걸 주지 않아도 다들 알아서 잘 찾아 먹고 서로가 서로의 먹이사슬이 되어 상부상조하면서 살아가는 모습이 때로는 슬프기도 하고 때론 아름다운것이 아, 이것이 거역할 수 없는 세상의 이치구나! 하는 것을 깨달을 때가 많아요, 뭐 사람 사는 모습과도 별반 다르지는 않지만요, 누군가 던져주는 먹이에 길들여진 나약한 근성보다는 생존이라는 거역할 수 없는 숙명에 쫓겨 가장 순수한 선택을 하는 저들이 어쩌면 탐욕에 찌든 채 잔인한 수단과 방법에도 일말의 가책을 느끼지 못하는 어떤 누군가의 비열한 양심보다는 훨씬 더 고상한 것이라 여겨집니다.”

나비는 진지하게 설명을 이어나가려 했지만 나는 손을 치켜들고 질문을 던졌다.

“동물들이야 원래 양심이 없으니깐 비열할 일이 없겠지만 사람은 날 때부터 타고난 양심이 있는데 어떻게 비열함을 피해갈수 있습니까?”

“네 그래서 책임이 필요합니다. 애초에 양심이 없는 동물에게 책임을 물을수 없으니깐 양심이 있는 인간에게 책임이 있다 이 말씀 입니다.”

“그러면 인간이 비열하지 않기 위해서는 어떤 책임을 져야 하죠?”

“그것을 이제부터 설명해 나갈 겁니다. 인간의 안전을 위해서 경계를 구분지을 울타리를 쳐야한다면 좋습니다. 자유보다 우선인것이 안전이고 안전보다 우선인것이 존엄이라 이해는 합니다. 그러나 동등한 생명의 가치앞에서 인간의 선택이 저들보다 고상한 것이 무엇이며, 그

영역을 침범해야 할 마땅한 근거가 있다면 인간의 영역을 내어주지 못할 마땅한 근거는 또 무엇입니까? 오히려 배워야 할 것은 저들의 질서인데 당당하게 쳐져 있는 울타리 때문에 인간들이 저들의 세상에 들어갈 수 없다는 사실을 아십니까? 경계를 허무십시오, 저들과 인간 사이의 그 어떤 차별도 결코 인간의 위대함을 증명해줄 수 없으며 부득이하게 자유를 침범했다면 마땅한 보상을 해줘야 한다고 생각합니다. 생명 앞에 존엄은 모두가 동등한 것입니다. 생태계를 파괴하는 인간들이 저들의 자유를 보장해주지 못한다면 인간의 질서 역시 허물어집니다. 이성으로라도 차별을 두지 마십시오, 왜냐하면 배려는 무자비한 근성이 하는 것이 아니라 타협할 줄 아는 이성이 하는 것이니깐요. 존엄이 순수한 본능에만 이끌리는 협상이 아니라면 말입니다.”

이때 누군가가 소리쳐 물었다.

“아까는 동물의 본능이 순수한 선택이라 하시더니 지금은 또 무자비한 근성이라 함은 서로 모순되는 말이 아닙니까?”

“아, 타협이라는 것은 선과 악이 하는 것입니다. 선의 입장에서 보면 동물들의 본능이 지극히 순수한 선택이 되는 것이고 악의 입장에서 보면 무자비한 것이 됩니다. 인간의 내면에는 선과 악이 존재하지 않습니까? 그러니 인간은 선과 악의 협상으로 끝낸 이성으로 판단해라 그말씀 입니다.”

나비는 조금도 당황한 기색 없이 설명을 이어가더니 갑자기 무언가를 발견하고는 우리 쪽을 힐끔 쳐다보고는 혼잣말인 듯 중얼거렸다.

“어머, 저기 회전목마가 부려져 버렸네, 그새 곰이 탈출하여 또 말성을 일으켰나보다 휴~ 빨리 수리해놔야겠네, 오늘은 코끼리가 성질을 내지 말아야 할 텐데..."

그러고 보니깐 저 멀리 두 마리의 곰이 뛰여 다니며 놀이기구들을 마구잡이로 흔들어대고 있었다.

"어서 기차에 올라 타십오, 곰이 사람을 해치지는 않습니다만, 다음으로 구경해야할 곳에 가야 하니깐 조금 빨리 서둘러 주십시오."

우리는 허둥지둥 기차에 올라 다음 여행지로 출발하였다.

제2장 카지노

"두번째 구경할 곳은 카지노 입니다, 보시다시피 바닷속에 지어진 이곳에는 주로 물고기들이 애용하죠, 한번 들어가면 빠져나오기 꾕장히 힘든 곳입니다."

언뜻 보기에도 어마어마한 규모를 자랑하는 궁궐은 마치 용궁을 연상케 하였다. 오색찬란한 네온사인이 반짝이는 입구에서는 해파리와 문어 떼들이 칼군무를 추며 고객들을 유치하고 있었고 그 뒤로는 철갑옷을 두른 상어군단들이 삼엄한 경비태세를 취하고 있었으며 이어서 꽃게들이 줄지어 서서 새여나가는 화폐들과 죽은 물고기 사체들을 자루에 분류해서 담고 있었다. 드문드문 보이는 공사 구간은 아직 이 성이 완공되지 못했음을 말해주고 있었다. 총 7층으로 구성된 성은 맨 꼭대기가 섬으로 되여 있었다. 나는 섬의 용도가 궁금하여 나비에게 여쭤봤다.

"근데 저 섬은 무슨 용도로 활용하죠?"

나비는 나를 쳐다보더니 깊은숨을 들이쉬고는 말문을 열었다.

"아, 저 섬이요? 제가 저곳은 한번 들어가면 빠져나오기가 굉장히 힘든 곳이라 그랬죠, 저곳은 1등을 해야만 나올 수 있어요, 1등을 못하면 무조건 빈털털이가 되여서 나와야 되지요, 안 그러면 상어군단들이 가만두지 않을 거예요, 죽이기도 하죠, 저 섬은 1등에게만 주어지는 특별한 서비스가 제공되는 공간이 얘요"

"아니, 물고기가 지상에서 할 수 있는게 뭐가 있다고 서비스를 받습니까?"

"저들에게는 돈이 무지하게 많아요, 특히 1등에게는 어마어마한 상금과 혜택이 주어지죠, 만약에 저기서 1등을 하게 되면은요, 지상에 올라와서 산소호흡기를 달고 사자와 호랑이의 호위를 받으면서 각종 새 요리와 곤충의 머리로 만든 디저트를 먹고요, 동물들의 공연을 관람하기도 하고 털로 만든 옷을 입어보기도 하고 또한 왜가리와 청둥오리의 등에 올라타서는 하늘을 한 바퀴 비행하기도 하죠"

이때 누군가 다급한 듯 물어본다.

"아니 그러다가 떨어져서 사고라도 나면 어떡합니까?"

"괜찮아요, 저들은 보험도 잘돼 있어요 물론 1등에게만 해당되는 얘기이지요 그 외에 것들은 주구장창 운을 탓하며 재산을 탕진하죠 수많은 경쟁자들 속에서 1등을 한다는건 결코 쉬운 일은 아니겠지요, 그렇지만 약탈, 강도, 사기, 협박이 난무하는 저곳에서 아무리 살아남기 위한 발버둥을 쳐봤자 이미 걸려든 미끼 안에서는 대개 운명이 정해져 있더라고요."

나는 다시 물었다.

"그러면 왜 1등만 내보내는 거죠?"

"또 다른 미끼로 활용하는 거죠, 저들은 굉장히 야망이 크더라고요, 바다 밑 금은보화를 모조리 끌어모아 결국은 지상을 지배하려고 하는 것 같아요, 지금도 계속 영역을 확장해나가는 공사가 진행 중이잖아요."

"우와!" 사람들은 또다시 웅성대기 시작한다.

"이러다가 인간도 물고기한테 지배당하는 것 아니야?"

"그러게, 우리가 괜히 재물을 가르쳐줬나? 바닷속에 자원이 얼마나 많은데"

그렇게 우리는 수군대며 카지노를 마저 둘러보았다.

6층은 회의실이다. 고래와 거북이,... 등 간부급 인사들이 바닷속 미래에 대한 비전과 방침들을 머리를 맞대고 논의하고 있었다.

5층은 휴식실이다. 근무를 서던 상어들과 춤을 추던 해파리와 문어 그리고 게임을 즐기던 각종 물고기들이 순번으로 돌아가면서 자유롭게 수면도 취하고 찜질방도 즐기고 안마도 받고 헬스도 하면서 쉬고 있었다.

4층은 식당이다. 각종 해산물 요리가 즐비한 뷔페식이였는데 주방 한쪽에는 아까 꽃게들이 고기사체를 담던 자루가 수북이 쌓여 있었다.

3층은 도박장이다. 카드게임, 칩, 화투, 마작, 주사위... 모두가 시뻘겋게 충혈된 눈을 부여잡고 담배 연기 자욱한 저곳에서 일확천금을 향해 하염없이 잭팟을 노리고 있었다.

2층에서는 한창 경주가 시작되고 있었다. 커다란 스크린 화면에서는 토끼와 거북이가 달리기를 하고 있었다. 물고기들은 서로 자신이 배팅한 선수 쪽을 죽어라 외쳐대며 비늘이 벗겨나가는지도 모르고 서로의 몸을 비벼댄다. 다음 경기는 모기와 파리라고 한다.

1층은 오락실이다. 이 성에서 가장 큰 면적을 차지하는 이곳에서는 아직 도박에 입문하지 못한 아마추어들이 부담없이 즐길수 있는 리틀 도박장이다. 수많은 물고기들이 남여노소 가릴것 없이 진을 치고 앉아서는 저마다의 게임에 몰두하고 있었다. 편의 시설도 잘돼 있었다. 아이들을 맡길수 있는 위탁시설, 공부를 가르칠수 있는 교육시설, 간단한 질병 정도는 얼마든지 치료할수 있는 병원, 각종 유흥을 즐길수 있는 술집,... 등 없는 것이 없었다. 그렇게 우리 일행은 카지노 구경을 마치고 다음 여행지로 가기 위해 기차에 올라탔다.

제3장 약수터

"이번에 소개할 곳은 마법의 샘이 흐르는 약수터입니다. 이곳은 가끔 자연의 순리를 거역하고 싶은 짐승들이나 사람들이 와서 실컷 마시고 갈 수 있는 샘물입니다. 신기하게도 이 물을 마시고 나면 본연의 모습이 아닌 다른 모습으로 잠시 변했다가 돌아온다는 사실입니다."

그때 원숭이 한 마리가 다가오더니 바가지로 물을 떠서는 꿀꺽꿀꺽 들이마시는 것이었다. 마치 가이드와 짜고 치는 연기를 하듯이 장면은 일사분란하게 진행되었다. 그러고는 언제 그랬냐는 듯이 물을 마시던 원숭이는 온데간데없이 사라지고 웬 뱀 한 마리가 꿈틀꿈틀 기여가는 것이였다. 우리 일행은 너무 놀라 모두 손으로 입을 틀어막고 눈이 휘둥그래지고 있는데 이번에는 멧돼지 한 마리가 와서는 그대로 주둥이를 물속에 틀어박고 벌컥벌컥 들이켜는 것이였다. 역시 멧돼지는 사라지고 호랑이가 나타나서는 어슬렁 어슬렁 걸어가는 것이였다. 모두가 신기한 광경에 취해 정신을 못 차리고 있을 때 고요한 정적을 깨고 누군가 물었다.

"이 물을 사람이 마시면 어떻게 되는 건가요?"

나비는 그 사람을 돌아보며 말했다.

"사람이 마시면 아주 가끔 신이 되기도 하지만 대부분 짐승이 되더라고요, 물론 여러분들께서 얼마든지 체험하셔도 됩니다 "

가뜩이나 호기심 앞에서 참지 못하는 나는 나지막한 목소리로 물었다.

"그러면 이 물을 마시고 동물로 변했다가 어제쯤이면 다시 사람으로 돌아옵니까?"

"네, 금방 회복됩니다. 마시는 양과 사람의 체질에 따라 차이는 있겠지만 보통 한 시간 내에 돌아옵니다."

"그럼 제가 조금만 마셔 볼게요"

그렇게 난 아까 원숭이가 푸던 바가지를 들고 샘물을 떠서는 입가에 가져다 댔다. 순간 마법의 향기가 콧속으로 스며들더니 입이 벌려지고 어느새 물은 내 목구멍을 타고 흘러 들어갔다. 눈앞이 캄캄해지더니 그대로 정신을 잃고 쓰러졌다. 얼마만큼의 시간이 흘렀을까? 의식을 차리고 눈을 떠보니 나는 돼지로 변해 있었다. 말 못할 공포가 엄습해온다. 어디선가 조금 전에 보았던 그 호랑이가 덮쳐올 것만 같았다. 허둥지둥 안전한 곳을 찾아 부리나케 달리기 시작했다. 한참을 달리다 보니 아까 보았던 뱀을 마주쳤다.

"야, 너 원숭이지 지금 어디 가는 거야?"

"어? 맞아, 그런데 넌 나를 어떻게 알아? 넌 누구야?"

"난 사람이야 너한테 궁금한 게 있어서 이렇게 짐승이 됐어, 넌 왜 저 샘물을 마신 거야?"

"음, 난 말이야, 원숭이로 사는 게 너무 힘들어서 그래, 엄마 아빠는 맨날 싸우지, 무리에서는 어른들의 비위를 맞추느라 항상 아첨을 해야지, 후배들은 또 언제 추월할지 모르니 늘 견제를 해야지, 사는 게 고통이란 말이다, 단 한 번만이라도 인간이 돼 봤으면 좋겠어, 난 인간들이 제일 부러워 모든 짐승들을 마음대로 제압할 수 있지, 두려움과 공포에 쫓기지도 않지, 먹을 것은 또 얼마나 풍요로운지 얼마나 좋아"

"아니야, 인간이라고 다 그렇진 않아, 인간 사회에도 질서라는 게 있어, 비위를 맞춰야지, 발전을 위해 향상하고 분투해야지, 힘든 거는 매 마찬가지야"

"그래도 두려움에 떨지는 않잖아, 우리 짐승들은 호랑이나 사자한테 잡혀 먹히는것은 두렵지 않아, 어차피 그건 자연의 이치이니깐 어쩔수 없는 선택이잖아, 그런데 인간들은 자연의 이치고 뭐고 서슴없이 파괴 하잖아, 무슨 자신감으로 그러는지는 모르겠지만 자연의 생태계를 허무는 일은 세상의 질서를 무너뜨리는 행위인데 그것 역시 인간들한테는 좋을것 없어, 그럼에도 불구하고 당당하게 자연을 파괴하는 것은 분명 신적인 차원을 뛰어넘는 특별한 재능을 소유하고 있음을 나는 확신 하거든, 그렇지 않고서야 어떻게 그렇게 말도 안 되는 실수를 저지를 수가 있냐 이 말이야, 멍청하지 않고서는?..., 그래서 내 평생소원이 딱 한 번 인간이 돼보려고 이렇게 계속 샘물을 찾는 거야."

"그게 사실이라면 인간을 대표해서 미안하다, 그런데 인간이 너희 생태계를 파괴한 것이 무엇이냐?"

"음,... 무분별한 개발, 그리고 화학약품, 또 쓰레기... 그것들 때문에 얼마나 많은 동물들이 죽어 나가는지 알아? 그런데도 언제 한번 우리 동물들을 위해서 보상을 해준 적이 있어? 무엇을 바라는 것이 아니라 결국에는 다 너희 인간들한테 피해가 될 거라서 그러는 거야, 내가 괜한 걱정을 하는지는 모르겠지만 분명 인간들은 나보다 똑똑하니깐 그런 사실을 다 알 거야, 다 알면서도 당당하게 진행하는 것은 그들의 깊은 뜻을 내가 미처 헤아리지 못한 것 뿐이겠지? 안그래? 이 돼지야, 아, 아니.. 넌 인간이랬지, 인간아?"

난 변명할 수 없었다. 그의 고충이 곧 나의 고충이 였기 때문이다. 대답도 하기 전에 뱀은 계속 말을 이어 나갔다.

"그래도 약수터에 가서 샘물을 마시고 나면 무슨 감정인지는 모르겠지만 일단 모든 두려움이 사라지고 당당해지는 자신감 하나 만큼은 너무나 황홀해, 인간이고 뭐고 자유가 있다면 이런 느낌이 아닐까? 당분간일지라도 삶의 구속에서 해방되는 이 느낌은 심신을 위로받기에는 더없이 좋은 활력소인 것 같아, 그런데 이것도 너무 많이 마시면 위험하더라, 내 친구는 잔뜩 취해서 코끼리하고 맞짱뜨다가 하늘 나라로 갔어..."

한참을 곰곰이 생각해 보다가 내가 말했다.

"인간에게 자유가 있다면 저 약수터를 찾지 않았을 것이다, 그런데 도 약수터를 찾는다는 것은 너희들과 똑같은 갈망을 가지고 있기 때문 이다, 너희들의 삶이나, 인간들의 삶이나, 방식은 다르지만, 공식은 똑 같구나 그러니 자유는 상대에게서 찾지 말고 자신한테서 찾아야 한다. 자신을 옭아매는 한 영원히 동물이라는 구속에서 벗어나질 못할 것이 다. 인간은 원래 배려가 없는 동물이다. 인간에서 뭔가를 기대한다면 너희들 역시 슬플 것이다, 만약에 인간을 같은 동물로 취급해 봐라 그 러면 너희도 자유로울 것이다."

라고 전해주려는데 뱀은 갑자기 본래의 모습인 원숭이로 변하더니 나무를 타고 시야에서 사라져 버렸다. 허전함이 밀려왔다. 어디로 갈 까? 사방을 둘러보는데 아니 글쎄 등 뒤에 아까 보았던 호랑이가 떡하 니 서 있는 게 아닌가, 소스라치게 놀라 걸음아 나 살려라 하고 냅다 줄행랑을 치려는데 사지는 굳어버린 듯 움직일수 없었고, 고개는 테이 프로 붙여 놓은 듯 돌릴 수도 없었다. 안간힘을 쓰다 겨우 눈을 떠보니 호랑이는 온데간데 없고 웬 높고 큰 돌기둥들이 빽빽하게 둘러싸인 공 간속에 오도가도 못한 채 새가 되어 갇혀 있었다. 이때 머리에는 뿔을 달고 한손에는 지팡이를 집고 다른 한손에는 커다란 술잔을 거머쥔 검 은 새가 다가오더니,

"미안하구나, 우리 가이드가 너를 인간으로 돌려보냈어야 하는데

깜빡하고 여기로 데려온 것 같구나, 다시 인간으로 보내 줄테니 뒤는 돌아보지 말고 나가거라"

그리고는 일회용 날개로 바꿔 달아주는 것이었다. 나오는 길에 열어주는 돌기둥에 보니 이런 글귀가 적혀 있었다.

〈술은 마음을 옥죄이는 구속에서 잠시 숨통을 트여주는 유일한 친구일 수 있다. 그토록 찾고 싶은 자유의 해방감을 아무런 제재 없이 즐길 수 있는 환상적인 도구이기도 하지, 어찌 나락의 구렁텅이에 찌든 영혼들이 의지 못할 변명마저 있으랴? 술 만큼 위로가 되고 벗 될 친구가 있다면 나서 보라고 그래라, 그러나 제아무리 훌륭한 친구라 할지라도 영원히 믿지는 마라 의지는 자신을 더욱 슬프게 할뿐더러 나약하게 하는 지름길이다. 네 마음의 주 적은 너 자신이다. 그리고 울타리를 만드는 것도 역시 네 몫이다. 가장 강력한 무기는 아무것도 의지하지 않을 때이지만 그것은 술을 마시지 않았어도 술 취한듯한 모습을 한 형상이기도 하다. 육신이 의지해야 할 것은 영혼이고 영혼이 의지해야 할것은 신 이지만 신은 공정과 정의와 행복의 법칙에 따라 영혼의 선택을 존중해야 할 것이다. 따라서 영혼은 존엄의 가치를 고려하여 모든 선택을 해야 한다. 그것이 사랑이다. 그러므로 네 육신은 마치 술취한듯한 어지러운 소용돌이와 같은 무지의 영혼속에 갇힌 작은 돛대와 같은 것이다. 그러나 신은 술을 선택하지 않는다.〉

기억을 되살려 어렴풋이 거슬러 올라가 보니 수많은 돌기둥들엔 모두 여러 가지 글귀가 새겨져 있었던것 같다. 시간, 배려, 존엄, 믿음, 양심, 희망, 평화,.... 등 많은 내용들이 있었지만 그것들은 인간의 언어로 적혀있는 것이 아니라 세상 모든 갖가지 표현으로 나타내고 있었다. 바람 소리와 새 소리, 나무들과 꽃잎들 그리고 풀들...

힘겨운 날개짓으로 간신히 약수터로 복귀하니 모두들 나를 기다리고 있었다.

"아니 어디 갔다 오셨습니까? 무슨 체험을 하셨길래 낯빛이 이렇게 창백하십니까? 괜찮으십니까? 선생님?"

"네, 괜찮습니다. 여러분은 저 약수를 마시지 않으셨습니까?"

"아니, 그 물을 왜 먹습니까? 굳이 짐승이 되여봐야 짐승을 압니까? 짐승이 짐승이지 그런 바보 같은 짓을 왜 합니까?"

나는 복잡한 머리를 부둥켜안고 나비를 쳐다봤다. 나비는 모든 것을 다 안다는 듯 슬며시 입가에 미소를 짓더니 마이크를 부여잡고 소리쳤다.

"자, 이제 다음 여행지로 출발해야 하니 모두 기차에 탑승해 주십시오"

난 의자에 기대앉은 채 두눈을 지긋이 감고 깊은 사색에 잠겼다. 나비는 다시 한번 내 어깨에 살포시 내려앉더니 조용히 묻는다.

"무슨 생각을 그렇게 골똘히 하십니까?"

난 귀찮은 듯 짤막하게 대답했다.

"자유요, 다음에 갈 곳은 어디죠?"

"어떤 곳으로 가고 싶은가요?"

"그거야 저는 모르죠, 여기 당신들이 안내해 주는 대로 우린 따라다닐 뿐 우리에게 무슨 선택권이 있는가요?"

나는 눈을 부릅뜨고 짜증스럽게 내 뱉었다.

나비는 빙그레 웃더니

"바로 그것입니다. 자유는 당신이 선택할 수 있는 권한입니다. 선택권이 없다는 것은 자유가 없다는 것입니다. 지금까지 보여준 우리 동산의 의미는 모두 자유를 설명했습니다. 그걸 보고도 자유를 느끼지 못했다면 앞으로 깨달아야 할 사랑에 대해서도 이해하기 어려울 것입니다."

난 나비를 똑바로 쳐다보았다. 그리고는 자세를 고쳐 앉고서 따져 물었다.

"그럼 왜, 아까 내가 샘물을 마실 때 말리지 않으셨습니까? 그 잘난 자유 때문에 지금 내 머릿속이 얼마나 혼란스러운지 아십니까? 짐승들과 인간들이 동급이라니? 그리고 새는 뭡니까? 왜 나를 새장 안에 가둬 놓으셨던 겁니까?"

"제재 했다면 당신이 내 말을 믿어 줄까요?, 저기 저분들을 보십시오, 내가 아무리 짐승들과 당신들이 같은 존엄을 가지고 있습니다. 하고 귀를 붙들고 연설을 한다 해도 과연 믿어줄까요?, 그나마 당신이 직접 경험해 봤기에 이 정도라도 얘기해 주는 겁니다. 동물이 되여보니 어떻던가요?, 그들의 고충을 알만하던가요?, 인간의 위대함을 느끼셨는지요?, 인간은 인간일 때 그 의미를 깨닫는 것이 자유입니다. 인간이 새가 되여 또는 짐승이 되여 그 의미를 깨달으려 한다면 때는 이미 늦습니다. 신은 인간에게 두 번의 기회를 부여하지 않으니깐요, 자유?, 그토록 사랑을 갈망하는 당신들이 자유의 의미도 모르고 사랑을 간구하려 하지 마십시오, 사랑은 자유가 보장된 질서를 책임지는 양심의 정의입니다."

나는 고개를 떨구고 말았다. 아직 내 자신한테도 자유를 주지 못했는데 그 누구를 사랑한다니? 가당치도 않은 소리였다. 눈물이 두 볼을 타고 흘러내렸다. 그렇다 난 아직 사랑을 모른다. 난 참회의 눈길로 나비를 바라보며 용서를 구했다. 그리고 여전히 사랑에 대한 갈급함이 남아있음을 은연중에 내비쳤다. 나비도 이해한다는 듯 머리를 끄덕이더니 앞으로 날아가서 마이크를 잡았다.

"자, 여러분 이번에 관람할 곳은 굉장히 큰 용기가 필요한 죽음 역입니다. 죽음 역을 가기 위해선 여기 벼랑에서 뛰여내리셔야 합니다. 물론 꼭 가보지 않으셔도 됩니다. 모든 것은 여러분의 자유의지에 달려 있습니다. 두려우신 분들은 내리셔서 출구로 나가시면 되고요, 따라오실 분들만 저를 따라오시면 됩니다. 아 참, 나가실 때 저쪽 앞에 거울방이 있습니다. 궁금하신 분들은 그 방도 한번 둘러보시길 바랍니다."

그리고는 나를 향해 왼쪽눈을 찡긋하더니 절벽 아래로 사라져 버렸다. 난 그것이 무엇을 의미하는지도 모른 채 게슴츠레 실눈을 뜨고 절벽 아래를 내려다보았다. 깊이를 가늠할 수도 없는 절벽 높이는 아득한 어둠에 가려져 간간히 흘러가는 구름 많이 그 실체를 실감나게 하였다.

"아니, 여기서 어떻게 뛰여내리란 말입니까?"

"말도 안돼요, 우리 그만 돌아갑시다."

"사랑을 가르친다더니 자살을 가르치는 건가?"

사람들은 웅성이기 시작했다. 나는 또 한 번 깊은 사색에 빠지고 말았다. 인생에서 한 번뿐인 기회를 겨우 얻어 여기까지 왔는데 아직 깨닫지 못한 사랑의 실마리를 안고 다시 돌아가야 한다면 언제 어디에서 또 이런 기회를 만날 수 있을까?

그 동안의 인생 파노라마가 주마등처럼 스쳐 지나간다. 지금 경험해보지 않으면 어쩌면 영원히 사랑을 깨달을 수 없을지도 모른다. 그러고는 무슨 딸 앞에서 당당하단 소리를 들을 수 있으려나?

해맑게 웃는 딸의 모습이 부족한 나의 용기를 비웃기라도 하듯이 저 건너편에 비춰진다. 그래나 막상 뛰여내리자니 도무지 엄두가 서질 않는다. 나도 모르게 다리에 힘이 풀리면서 벼랑 끝에 털썩 주저앉고 말았다.

사람들은 하나 둘 밖으로 나가버리고 나만 혼자 남은 이곳, 나비는 이미 저 아래 깊은 곳으로 날아간지 오래다. 오만가지 생각이 머릿속을 스친다.

그래, 난 나에게 아직 자유를 주지 못했어, 그 이유가 뭘까? 그 이유가 사랑을 모르기 때문이라면 사랑을 찾는 다는 것은 자유를 얻는다는 것일까? 내가 다시 돌아간다면 자유를 얻을수 있을까? 아니면 사랑을 안다고 할 수 있는가? 여기서 뛰여내린다면 자유가 주어지는가? 이것도 저것도 아니라면 난 왜 여기까지 온 것일가? 미친 척하고 한번 나비를 믿어볼까? 아니다, 이성을 차려야 한다. 흔들리지 마라, 순간 돌기둥에서 봤던 문장이 떠올랐다.

〈그 누구도 믿지 마라 아무에게도 의지하지 않을 때가 가장 강한 것이다.〉

그렇다, 이순간 믿을건 내 자신밖에 없다. 나는 어떻게 해서든 이 난관을 극복해야 한다. 어떻게 할 것인가? 이번엔 기차 안에서 속삭이던 나비의 충고가 떠오른다.

〈사랑은 자유가 보장된 질서를 책임지는 양심입니다.〉

그래! 자유도 보장 못하는 양심으로 무슨 사랑을 지키려고 그래? 이깟 죽음 앞에서조차 자유를 위한 정의도 실현 못 한다면 무슨 자격으로 사랑을 얻으려고 했나? 나에게 자유를 찾아줄 수 있는 책임만 질 수 있다면 이깟 죽음이 뭔 대수랴? 사랑에 필요한 자유가 요구된다면 내 기꺼이 정의의 양심을 다하여 증명해 보이련다. 고작 정의 앞에 목숨하나 구걸하는 비열한 존재가 되고 싶지 않다. 자유를 위해서! 정의를 위해서! 그리고 존엄을 위해서! 이깟 내 목숨 하나 희생한다면 그것이 사랑이 아니겠는가?

셋을 세고 뛰여내린다. 기필코 사랑을 찾아야 하기에 하나, 둘, 셋……

제4장 죽음역

나는 깃털처럼 날아올랐고 의식은 뭐가 뭔지 모를 미지의 세계로 깊이 빨려 들어가고 있었다. 그 속도가 하도 빨라서 가히 빛에 견주어도 손색이 없을 정도였다. 온몸은 녹아내리듯 고통스러웠고 주변은 온

통 고요함 천지였다. 그렇게 아픔에 익숙되여 갈 때 쯤 드디여 어딘가
에 다다른 느낌이 들었다. 속도는 현저히 줄어들었고 이내 멈춰서버렸
다. 칠흙같이 어두운 사방에 덩그러니 놓여져 있음을 직감한 나는 눈
을 떴는지 감았는지조차도 분간하기 어려운 가운데 다급한 목소리로
가이드를 찾았다.

"저기요, 나비님 어디 계세요?"

"네, 드디여 오셨군요, 당신의 용기에 박수를 드립니다."~짝짝짝 ~

어디선가 손뼉치는 소리와 함께 여유로움이 가득한 나비의 목소리
가 들렸다. 분명 가까운 곳이였다. 코 앞인지, 귀 옆인지, 머리위 인지
는 모르겠지만 마음 만큼은 크나큰 위로가 되였다. 안도의 한숨을 내
쉬며 나비에게 걱정스레 물었다.

"혹시 죽음 역 으로 가신다더니 여기가 지옥인가요?"

"아니, 지옥이라 하기보다는 당신 마음속이 더 가깝죠, 지옥은 따로
있는 것이 아닙니다. 당신이 갖춘 마음가짐에 따라 지옥이 될 수도 있
고 동산이 될 수도 있죠, 죽음 역시 마찬가지입니다. 보십시오 당신이
선택한 결정에 따라 굳이 육신이 힘들게 고생하지 않아도 이렇게 죽음
을 지배하고 있지 않습니까? 그것은 죽음도 당신 맘속에 존재한다는
증거입니다. 우리는 당신의 목숨을 빼앗을 의도가 전혀 없었습니다.
그저 당신의 용기를 시험해 봤을 뿐입니다. 누군가 당신의 목숨을 갖
고 장난친다면 지금처럼 단호하게 결정하십시오, 당신의 의지가 당신
의 소중함을 지켰습니다. 다시 한번 강조하지만, 자유는 선택하는 자
의 것이지 포기하는 자의 것이 아닙니다. 그러함에 이끌려 우리는 지

금 당신의 미래에 와 있는 것입니다. "

"정말요, 그렇다면 여기가 제가 죽은 다음의 미래라는 말씀이신
가요?"

나는 놀라움 반 불신이 반 섞인 어조로 해소되지 못한 궁금증을 마
저 책임지라는 듯 반강제적인 협박을 담아 물었다.

"네, 그렇습니다. 우리가 투자하라는 곳이 바로 이곳을 말하죠, 어
차피 죽음 이후의 시간은 무용지물이라 여기셨던 것 아니였습니까?
당신에게 있어서 가치가 없다고 여기셨던 그것이 실상은 가장 소중한
것이였음을 증명해주고 싶었습니다."

난 답답함에 나비의 말을 끊고 불평을 호소했다.

"근데 여기 너무 어두워서 그러는데요, 좀 밝은 곳이 없나요? 아니
면 등불이라도 켤 수 있으면 좋겠는데?"

"이 곳이 어두운 이유는 당신 마음속에 악이 넘쳐나기 때문입니다,
그렇다면 양심 쪽으로 이동하면 조금 더 환해질 겁니다. 우리 그쪽으
로 갑시다."

나는 전혀 예상치 못한 답변에 충격과 수치스러움을 온몸에 휘감은
채 나비의 기척을 따라 조심스럽게 움직였다. 어둠이 주는 답답함은
늘 나에게 출구가 없는 미로처럼 휘말려가는 소용돌이에 빠뜨린 아이
의 처절한 허탈감마냥 농락만 안겨주었기에 찍소리도 못하고 순순히
따라갔다. 벌거벗긴 수치스러움도 만 천하에 까발린 듯 펼쳐진 현실
앞에서는 어찌 수습할 방도마저 잃었다. 무식함은 안보이는 곳 어딘가
에 깊숙이 숨겨두면 그만일 줄 알았는데 더 이상의 도피처가 없는 이

곳에서는 천하에 둘도 없는 치욕임을 깨달았다. 이런 어리석음을 갖고 무슨 자유를 논할 자격이 있는가? 이제야 나를 이곳에 데리고 온 이유에 대해 조금 알 것 같았다. 나는 진심을 담아 내가 알고 있던 죽음관에 대해 물었다.

"사람이 죽으면 그걸로 끝인 줄 알았는데 그게 아닌가 봐요?"

"그렇습니다, 죽음은 또 다른 시작이죠, 다시 말해 영원함으로 가는 출발점이라는 말씀입니다. 죽음 없이는 사랑도 완성될 수 없죠, 영원한 자유이니깐요, 이만한 가치가 어디 있습니까? 인간들은 진정한 가치가 무엇인지도 모른 채 자신이 무엇을 원하는지도 모르고 갈팡질팡하고 있어요, 만약 당신이 진정한 사랑을 깨닫고 영원한 자유를 누리고 싶다면 이제부터 이 구역을 정리하십시오. 이 구역에 비례하여 당신 인생에 정성을 바치는 만큼 당신은 원하는 모든것을 얻을수 있습니다."

나는 알아듣지 못했다는 표정으로 멀뚱멀뚱 서 있다가 무언가에 걸려 휘청거리고는 다시 중심을 잡고 버벅거리며 물었다.

"이 구역이라 함은.. 무.. 무엇을?.. 의미.. 하시는지?"

"네, 바로 당신의 마음을 말합니다. 조물주가 이 세상을 만들었다면 분명한 것은 이 세상으로 인하여 어지러워진 당신 마음을 정리하는 데에는 그보다 갑절로 힘드실 것입니다. 각오하십시오, 어차피 당신 마음은 선과 악의 싸움으로 결판나는 보수에 의하여 지배되는 것이 아닙니까? 그러니 당신의 마음은 당신의 의지에 달려 있습니다."

"조물주는 뭣하러 세상을 이렇게 어렵게 만들어서 사람을 귀찮게 하신답니까? 차라리 만들지나 마시지 너무 힘들잖아요."

"세상에는 공짜가 없습니다. 조물주는 인간에게 아름다움이라는 면류관을 안겨주기 위하여 일부러 이렇게 어렵게 만들어놨습니다. 나무가 얻는 작은 열매에도 갖은 노력의 인고를 인내하면서 향기로운 꽃을 피우는 과정을 거쳐 어렵사리 얻도록 인도해 놨는데, 하물며 만물의 영장인 사람에게 그보다 못한 보상을 안길수야 있겠습니까? 어려워마십시오, 여기까지 올수있는 용기와 의지라면 충분히 이루어낼수 있습니다. 악을 얼마나 물리치고 선을 얼마나 남기느냐가 마음의 정리이고 그 정리된 구역에 비례하여 당신의 가치는 자유와 행복이라는 이름으로 평화를 맞이하게 될것이고 평화는 영원함이라는 결실로 아름다움을 완성할 것입니다. 이 모든 과정을 우리는 사랑이라 일컫습니다."

"선과 악을 정리하려면 어떻게 해야 합니까?"

"선은 당신을 자유케하는 모든것을 아우르는 말이고 악은 당신의 자유를 가로막는 모든것을 말합니다. 선과 악을 알아야 마음을 정리할 수 있고 마음을 정리해야 사랑으로 갈수 있습니다.사랑이란, 결국 나를 자유케 하는 것이고 나를 자유케 하는것은 마음을 다스리는 것이고 마음을 다스리는 것은 육신이 의존하지 말아야할 영혼의 의미를 안다는 것입니다."

"그렇다면 육신과 영혼의 관계는 어떻게 됩니까?"

"육신은 평생을 바쳐서 이성에게 지식을 제공해야 할 사명이 있고 영혼은 그러한 육신에게 마땅한 자유를 찾아줘야할 의무가 있는 것입니다. 그러니 너무 부둥켜 않으려 애쓰지 마십시오, 사랑은 아름다움이 되기위한 최소한의 겸손입니다. 죽음을 두려워하지도 마십시오, 죽음은 아름다움으로 가기위한 여정이고 자유는 내가 사랑이여야 하는 이유입니다. 육신이라는 찰나의 순간에 연연하여 인생을 허비하지 말고 사랑이 완성된 영원한 자유를 누리십시오."

"영원한 자유를 누리려면 어떤 선택을 해야 합니까?"

"사랑이 공짜로 얻어지는것이 아님을 아셨다면 그에 상응하는 대가를 치르셔야 하는것도 아셨을 것입니다. 인생이 전부인 양 모든걸 걸고 투자하기 보다는 죽음 이후의 영원한 자유를 위해 설계하는 가치역시 결코 헛된 대가가 아님을 확신한다면 죽음을 비웃지 마십시오, 죽음은 아름다운 것입니다. 저를 보십시오, 죽은 줄만 알았던 보잘 것 없는 애벌레의 몸이 우화를 거쳐 이렇게 화려한 생명으로 환생하지 않았습니까? 세상의 이치를 믿으십시오, 세상의 이치대로 선택을 하는 것이 자유로 향하는 길 입니다."

나는 무릎을 "탁" 하고 쳤다. 지금까지 보았던 나비의 모습이 더욱 크게 느껴졌다. 아니 어쩌면 신처럼 느껴졌다. 존경스러운 마음에 흠모하는 눈빛으로 바라보고 있는데 이번엔 오른쪽 어깨에 살며시 내려앉아 귓속말로 속삭였다.

"마음을 정리하는 데 어려움을 겪으신다면 도움이 될만한 힌트를 하나 드리겠습니다. 세상은 내 안에 있고, 혼돈을 정리해줄 질서는 책임이며, 책임은 사랑을 완성할 수 있는 열쇠입니다. 그러니 자신을 책임지십시오, 자신을 책임지는 것이 마음을 다스리는 것이고 마음을 다스리는 것이 세상을 아는 길 입니다. 세상을 알아야 나를 알 수 있고,

나를 알아야 사랑을 할 수 있습니다. 그리고 자유를 누리십시오, 그것이 구원입니다."

나비는 이해했냐는듯이 쳐다본다. 나느 고개를 끄덕였다.

"자, 그럼 우리 이제 여기서 나갑시다. 다음으로 가야할 곳은 거울의 방 입니다."

그리고는 마치 다리가 불편한 주인을 등에 태우기 위해 무릎 꿇어 엎드리는 말처럼 자기의 등에 올라 타라는 듯 몸을 낮추며 자세를 취한다. 나는 얼른 뛰여올라 잽싸게 그의 허리를 끓어 않았다. 두어 번 뒷발로 땅을 차더니 힘차게 솟구쳐 올랐다. 마치 거대한 용 한 마리가 하늘로 승천하듯 포물선을 그리며 훨훨 비상한다. 저 높은 곳에서 한 줄기 빛이 흘러나왔다. 구름 위를 지나 절벽에 다다르니 웬 낯익은 사내가 아직도 부동자세로 힘없이 걸터앉아 누군가를 하염없이 기다리고 있었다. 나는 주인을 만난 강아지 마냥 냉큼 달려가서 그의 몸 속으로 들어갔다. 그리고는 벌떡 일어서서는 거울의 방이 있는 곳을 향해 성큼성큼 걸어갔다.

제5장 거울방

나비는 약속대로 거울방 문 앞에서 나를 기다리고 있었다. 내가 도착하자 그는 차분하게 이곳의 소개를 시작했다.

"이 방안의 여섯 개 면은 모두 거울로 이루어져 있습니다. 이곳은 혼자서만 들어가야 합니다. 누군가와 함께 들어간다면 서로의 모습이

상충 되어서 정확한 값이 출력될 수 없습니다. 반드시 혼자서 들어가야만 제대로 된 모습을 볼 수 있습니다.

여섯 개 면의 값은 모두 흑백 두가지 색상으로 표시될 것입니다. 앞의 거울은 당신의 남은 생의 시간을 표시한 것인데 흑 쪽에 가까우면 얼마 남지 않았다는 것이고 백 쪽에 가까우면 영생할 수 있다는 것입니다.

왼쪽에 거울은 배려를 나타낼 것인데 흑 쪽이면 이기적인 것이고 백 쪽이면 선량한 것입니다. 그리고 뒷면의 거울은 존엄을 나타내는 거울인데 흑 쪽이면 분발해야 할 것이고 백 쪽이면 위대함에 가깝다는 것입니다.

오른쪽은 신용이 표시되는 거울입니다. 신용이 표시되는 거울은 흑이면 의리가 없다는 것이고 백이면 믿을만한 자격이 주어져 있다는 것입니다.

그리고 위에 있는 거울은 양심을 나타낼 것입니다. 양심의 거울이 흑이면 악이 많다는 것이고 백이면 선이 많다는 것입니다.

아래쪽은 희망을 나타냅니다. 검은색이면 구원받을 희망이 없다는 것이고, 백색이면 사랑이 완성될 희망이 있다는 표시입니다. 모든 면의 색깔을 밝게 하려면 당신 맘속의 조절키를 돌려 보십시오 어느 쪽으로 하면 환해지는지? 또 어느 쪽으로 하면 어두워지는지? 충분히 연습을 거친 후 가장 밝은 부분을 기억했다가 그대로 삶에 적용해 보십시오, 그리고 사는 동안 그 흑백의 기준이 타인이 아니란 걸 꼭 명심하십시오 인생을 통틀어 체험할수 있는 기회가 단 한 번뿐인 지금 이 순간이 가장 정확한 기준이니 아무쪼록 들어가서 체험하시고난 후 부디 좋은 추억을 쌓고 돌아가시길 바라겠습니다. 수고하셨습니다. 안녕히 가십시오, 저는 회전목마를 수리해야 해서 여기서 이만 인사 올리겠습니다. 감사합니다."

"네, 고생하셨습니다. 덕분에 많은 걸 배웠습니다. 감사합니다."

나는 아쉬움이 가득 찬 눈길로 그를 배웅해 주었다. 그리고는 조심스럽게 거울이 있는 방문을 열고 안으로 들어갔다. 난 내가 할수 있는 최고의 환한 모습으로 마음의 눈금을 맞춰놓고 영원히 잊지 않으려 머릿속으로 수없이 되뇌여 기억했다.

거울방에서 나온 나는 동굴 입구로 향해 걸어갔다. 맨 처음 만났던 천사는 여전히 환한 미소로 나를 배웅해 주었다. 정중하게 인사를 드리고 동굴 입구를 나섰다. 그리고는 뒤를 돌아봤다. 커다란 바윗돌만 덩그러니 놓여 있었다. 고개를 들어 하늘을 올려다보니 동녘 하늘엔 먼동이 트여오기 시작한다.

터덜터덜 집으로 향했다. 내 사랑하는 가족이 기다리고 있을 보금자리로,

"아빠, 어데갔다 이제 오는 거야? 핸드폰도 안 갖고, 실종된 줄 알았잖아? 아침까지 안 오면 경찰에 신고하려 했어"

"뭔 신고야, 요기 앞에 잠깐 바람 쐬러 갔다 오는데, 엄마는 뭐해?"

"엄만 자고 있어, 별일 아니니 신경 쓰지 말라고 하는걸 내가 걱정돼서 기다리고 있었어, 금방 들어온다고 하더니 엄마 말이 맞네, 엄마가 뭘 좀 아는것 같애, 근데 갑자기 웬 바람이야?"

"역시 아빠를 생각하는건 우리 딸 밖에 없네!, 어떻게 하면 이런 기특한 우리 딸 좀 더 사랑해줄가연구하고 왔지!"

"아, 그놈의 사랑타령 또 시작인가? 난 피곤해서 먼저 들어가서 잘게 아빠도 얼른 자~"

"응, 그래, 알았어 잘자~"

난 일기장을 펼쳐놓고 짧은 글을 적어 내려갔다.

사랑은 믿음인가? 버림인가? 그 누구를 사랑한다 할수 없는것은 믿음이 없기 때문이고

안다는 것은 무의식중에 믿는 것 이기에 쿨쿨 자빠져 자고있는 저 여편네는 분명 나를 사랑하는 것이다.

믿음이 없는 서로가 사랑하지는 못할 지라도 버릴수 없어 걱정해주는 것은 오지랖이고

오지랖도 없으면서 버리지도 않는것은 믿음이 있기 때문이다.

이 얼마나 아름다운 사랑인가!

믿음이 없는 곳엔 사랑도 없다. 그러나 조금만이라도 정신을 차리지 않는다면 오지랖도없는 걱정은 버림이라 착각하기 쉽상이므로 지금까지 부질없지만 부족한 믿음을 부여잡고 노심초사 했을 뿐이다.

미안하다 딸아, 믿어주지 못해서 그래서 걱정뿐이였고 사랑하지 못했다. 이제부터 사랑보다 먼저 믿어줄게,

그리고 고맙소 여보, 사랑하지 않더라도 믿어줘서, 삶이 나를 힘들게 하여도 사랑으로 인도하는 그대들을 위하여 내 기꺼이 책임이라는 돛단배의 키 하나만을 움켜쥐고 폭풍우가 휘몰아치는 저 망망대해에

거침없이 전진하리라, 나와 당신의 자유를 위하여!

나같은 너에게

발행 2022년 9월 20일

지은이 상월 霜月, 허영지, 고혜경, 송수윤, 남유성, 서정식

라이팅리더 현해원

디자인 윤소현

펴낸이 정원우

펴낸곳 글ego

출판등록 2019.06.21 (제2019-67호)

주소 서울특별시 강남구 테헤란로216, 12층 A40호

이메일 writing4ego@gmail.com

홈페이지 http://egowriting.com

인스타그램 @egowriting

ISBN 979-11-6666-177-8